HEL STRAEON

Cyngor Sir Caerfyrddin

LLYFRGELL Y SIR

I'w ddychwelyd	I'w ddychwelyd	I'w ddychwelyd
Ym		*J. S*

HEL STRAEON

gan
Gwyn Llewelyn

GWASG GOMER
1973

Argraffiad Cyntaf   Rhagfyr 1973

SBN 85088 235 4

Argraffwyd gan
J. D. Lewis a'i Feibion Cyf   Gwasg Gomer   Llandysul

I

SION GWYNDAF
A
SIWAN LINÔR

Ysgrifennwch fel y mynnoch
mewn unrhyw ddull a ddymunoch
mae gormod o waed wedi llifo dan y bont
i ni fynd 'mlaen dan gredu
mai un ffordd yn unig sy'n gywir
    . . . caniateir popeth
Dim ond gyda'r un amod hwn
wrth gwrs :
mae'n rhaid i chwi wella ar y dudalen wag.

GERAINT JARMAN
"Beirdd Ifainc"

Rhagymadrodd

"Eithr na chamgymered neb hel newyddion am hel straeon. Bodlona rhyw fath o bapur ar hel straeon, a gwaith sâl a diflas ydyw hwnnw. Ond y mae arlwyo newyddion y byd yn deg, yn gywir, ac yn ddeallus yn waith sy'n galw am lawer o fedr, o brofiad, o wybodaeth, ac am y gofal mwyaf."

Roeddwn i eisoes wedi dewis teitl i'r gyfrol hon cyn canfod y sylw hwn o eiddo E. Morgan Humphreys. Gwnaeth i mi bendroni a ddylwn ail-ystyried a dewis rhyw deitl mwy aruchel fel "Newyddiadura." Ond does gen i ddim cenadwri, neges na phregeth, dim ond syniad y byddwn yn llanw bwlch drwy baratoi cyfrol o gyfarwyddyd ar gyfer pobl ifanc â'u bryd ar fynd yn newyddiadurwyr. Yna, pan dreiddiodd myfïaeth i'r bennod gyntaf fe beidiodd yr hyn a ysgrifennais â bod yn gyfarwyddiadur yn y fan a'r lle !

Yn y gorffennol bûm yn euog o ddifrïo rhai o'r "beirdd" hynny a gyhoeddodd ffrwyth awen eu harddegau. Yn awr, a minnau ond prin wedi croesi'r deg ar hugain, dyma gyhoeddi cyfrol sy'n hunan-gofiannol i raddau helaeth. Ond os bydd yr ychydig brofiadau a gefais i yn denu rhai i ymddiddori yn y wasg a'r teledu yna'n sicr yn awr, ac nid ymhen hanner canrif, y mae rheidrwydd arnaf i ysgrifennu. Mae'n ddydd o argyfwng ar y Gymraeg eisoes : brawychus yw amgyffred beth fydd ei thynged erbyn yr unfed ganrif ar hugain.

Hoffwn allu sicrhau'r bobl hynny sy'n awyddus i ddilyn gyrfa newyddiadurol fod lle iddynt yn y cyfryngau. Ond cwmpasog fel erioed, ysywaeth, fydd y ffordd i'r "Bedwaredd Stad". Yr unig sicrwydd yw y bydd galw di-ball am newyddion, a thra pery hwnnw bydd galw hefyd am newyddiadurwyr i ddiwallu'r angen.

Caerdydd, 1973

Cydnabod

Rwy'n ddyledus i Ann Heaps ac Olwen Hughes am roi trefn ar fy nheipysgrif flêr, i Mike Rudkin am y lluniau ac i H.T.V. Cymru am ganiatâd i ddefnyddio un ohonynt ; i Eifion Lloyd Jones a Moc Rogers am ddiwygio'r ieithwedd fel bu'r angen ; i John Roberts Williams, un o eilunod llencyndod, am ei barodrwydd i lunio cyflwyniad i'r gyfrol ; i D. Tecwyn Lloyd am ei anogaeth ac ambell gyngor gwerthfawr ; ac i gyd-weithwyr ddoe a heddiw yr elwais o'u profiad ac o'u cwmnïaeth yn fwy na dim. Carwn ddiolch hefyd i Bryan Gibbons am gynllunio'r clawr ac i fechgyn Gwasg Gomer am eu cyflwyniad glân a destlus.

Rhagair

"Yn Hydref 1962, fe roddwyd cynnig ar fenter fawr yng Nghaerdydd—sefydlu Teledu Cymru. Mi ddylaswn gofio'n dda am y dechreuad ; yr oeddwn i yno. Rwy'n cofio hefyd nos Wener cyn y Sulgwyn, *naw mis* cwta'n ddiweddarach—roedd Teledu Cymru wedi mynd a'i ben iddo, a degau ohonom heb waith.

"Gyda mi yn ystafell newyddion y Cwmni byrhoedlog, roedd tri newyddiadurwr proffesedig—T. Glynne Davies, Colin Thomas a Gwyn Llewelyn. Dyma'r staff i gyd, ac fe wnaethant wyrthiau.

"Rhan o dasg Gwyn, rhwng paratoi'r bwletinau Cymraeg, oedd trosi rhagolygon y tywydd i'r hen iaith. Roedd ganddo afael ar Gymraeg liwgar. Fe'i cofiaf yn cyfieithu ' there will be a hard frost tonight ' (ac mi *fu'n* aeaf caled !) i—' mi fydd yn chwipio rhewi heno.'

"Treuliodd Gwyn ei ddyddiau gwaith i gyd gyda'r papurau newydd a'r teledu, ac os yw'n ifanc iawn, ifanc iawn yw'r teledu yng Nghymru hefyd, a Gwyn wedi helpu i'w nyrsio o'i febyd hyd heddiw. Yma, mae'n gwneud peth pur newydd yn Gymraeg —egluro sut mae'r cyfrwng yn gweithio. Pe na buasai'n gwneud mwy nag argyhoeddi dyrnaid o'i gydwladwyr mai crefft y mae'n rhaid ymegnïo i'w meistroli yw cyfrannu ar gyfer y bocs, byddai wedi cyrraedd ei nod. Ond fel popeth sy'n gysylltiedig â'r bocs, mae yma ddiddanwch hefyd."

John Roberts Williams

Cynnwys

Crefft Gynta' Dynolryw ?

Pa un tybed yw'r hynaf o alwedigaethau dyn ? Yr
amaethwr a gafodd y clod gan Ceiriog am arfer "crefft
gynta' dynol ryw", ond rhaid cofio bod y tymhorau wedi
dod â chynaeafau i'w haeddfedrwydd cyn i neb
erioed feddwl am eu hau na'u medi chwaith. A ph'un
bynnag, i gael unrhyw lun ar y cnwd, oni fyddai'n
ofynnol cael offer i droi ac aredig y tir ? Os felly, gallai'r
saer coed neu'r saer maen hawlio'r clod am gynllunio'r
aradr gyntaf, pa mor drwsgl bynnag oedd honno. A beth
am y merched rhwydd eu moesau hynny sydd wedi
ymgodymu ers cyn cof â throeon yr yrfa amharchusaf ?
Eu heiddo hwy yw "the most ancient profession" yn ôl
Kipling !

Eithr gellid dadlau nad i unrhyw un o'r rhain y dylid
rhoi'r clod ond yn hytrach i'r newyddiadurwr. Mae
newyddiadura yn hŷn na chrefft yr argraffwr, na dawn
yr ysgrifennwr, ac o bosibl yn hŷn, hyd yn oed, na'r
gallu i yngan geiriau synhwyrol. Mae'n hŷn am fod
pobl pob oes wedi cyfathrebu—wedi gorfod cyfathrebu—
er mwyn gallu byw gyda'i gilydd. A chrefft sy'n
ymwneud â chyfathrebu yw newyddiadura.

Newyddiadurwr oedd yr epa-ddyn yn uchelfan ei
goeden a fu'n llygad-dyst o ddigwyddiad a barai iddo
guro'i frest yn reddfol. Dyna hefyd oedd y gŵr blewog
cyntaf a geisiodd, o ddyfnderoedd ei feddwl bychan,
ffurfio geiriau â'i enau i gyfleu neges i'w gymar. Mae'r
dyhead i drosglwyddo manylion am ddigwyddiadau, yr
awydd i ddweud stori, yn siŵr o fod cyn hyned â dyn ei
hun. Mae canrifoedd yn gwahanu gŵr oes yr arth a'r
blaidd a'r gŵr syber, hyglyw sydd o grombil y set
deledu yn cyflwyno newyddion i gynulleidfa enfawr.
Ond yr un awydd i drosglwyddo gwybodaeth a berthyn

i'r ddau, ac yn wir i bob un o'r rhai hynny a ddewisodd yrfa fel gweithiwr ar bapur newydd.

Beth felly yw newyddion, yr hanfodion a gymerwn mor ganiataol, a sut rai yw'r bobl sy'n dewis treulio oes yn ymhel â'r grefft o'u casglu a'u cyflwyno ?

Ar hyd y blynyddoedd tyfodd y gred mai gyrfa ansicr, ag iddi oriau anwadal a dyfodol yn dibynnu ar fympwy golygyddion, yw newyddiadura. Rhaid cyfaddef na wnaeth y newyddiadurwyr eu hunain unrhyw ymdrech arbennig i ddiwygio'r ddelwedd a grewyd gan ddull ffilmiau Americanaidd o bortreadu gwŷr y wasg. Efallai bod y darlun o'r dyn â'r het feddal nôl ar ei wegil yn gymorth i feithrin yr agwedd arwynebol-ddifater a'r argraff ffwrdd-â-hi y cred y gohebwyr sy'n gweddu i natur eu gwaith. Ond hyd y gwn i ni fu'r un gohebydd erioed, ar wahân i James Cagney, mewn sefyllfa i allu brasgamu i ystafell ei olygydd a gorch-ymyn atal y dudalen flaen rhag "mynd i'w gwely". Ni welais yr un is-olygydd yn gwisgo gorchudd gwyrdd uwchben ei lygaid, a does bosib na ddiflannodd y rheidrwydd o orfod cario potel wirod yn llogell y got-ffosydd gyda Phillip Gibbs a "Stryd Antur" ei gyfnod !

Fe geir cyfrolau cyfoes sydd yn trafod techneg newyddiaduriaeth, yn rhestru'r cymwysterau angen-rheidiol i wneud y gwaith, ac yn nodi anfanteision erchyll yr alwedigaeth a fyddai'n torri calon pawb ond y mwyaf tanbaid ei awydd i fynd yn ohebydd. Dyfynnaf ar hytraws o'm copi o *Teach Yourself Journalism* gan E. Frank Candlin, a brynais, yn ôl y dyddiad o fewn ei glawr, yn anrheg penblwydd i mi fy hun yn dair-ar-ddeg oed :

"The profession of journalism is a highly responsible one, calling for outstanding qualities of mind and character, and one which makes severe demands on those who practise it. It is not a career to be taken up lightly, as a result of a whim or from a vague urge to write, or because one cannot think of anything better to do. The would-be journalist should think long and carefully before setting out along ' the inky path . . .' "

Ac eto :

"Hours are irregular, mealtimes uncertain, spells of intense concentration or protracted effort are frequent."

Ac eto :

"Journalism is a profession where disappointments are many and frequent, where frustration and dis-illusionment are all too common, where the kicks are often more numerous than the ha'pence."

Ac eto :

"The solitary, the exclusive, the scholarly recluse, the boorish self-opinionated dogmatist, the bigot, the pedant, the snob—none of these will find themselves at home in the world of journalism . . ."

Cynghorion cyffelyb a roddir mewn llyfrau eraill ar ddewis gyrfa ac fe ddarllenais ddwsinau ohonynt yn ystod y pumdegau. Sut felly na ddarbwyllwyd fi, a miloedd o rai tebyg i mi ar hyd y blynyddoedd, rhag cymaint ag ystyried dilyn gyrfa ag iddi amodau mor llym ? Yn sicr, ni chredais i bod yr holl gymwysterau uchod gen i ac ni chredodd yr un o'm cymheiriaid hynny ychwaith, hyd y gwn i.

Mwy gonest fyddai honni mai'r awydd i ymhel â'r cyfnewidiol o ddydd i ddydd oedd arna'i, awydd am gael cychwyn bob bore o'r newydd, heb i'r un o orch-wylion anorffenedig ddoe fod yn fy aros. Chwilfrydedd, yn anad dim, sy'n denu pobl i faes newyddiaduriaeth ac afiaeth sy'n eu cadw yno. Lle'r gohebydd yw bod yng nghanol pethau ; yno y mwynha ei hun. Bodloni ei chwilfrydedd ei hun a wna yn gyntaf ; eilbeth yn aml yw iddo ddiwallu archwaeth diderfyn y cyhoedd am newyddion.

Yn ei lyfr ar Arglwydd Northcliffe, dywed Paul Ferris, a gychwynnodd ei yrfa newyddiadurol ar un o bapurau'r Barwn yng Nghymru, fod yng ngwrthrych ei fywgraffiad "yr elfen drahaus honno a berthyn i'r newyddiadurwr wrth reddf—y gred fod yr hyn a'i diddorai ef o ddiddordeb hefyd i'w ddarllenwyr." Dyna un dehongliad o'r anghenrhaid rhyfedd hwnnw a elwir yn "news sense"—y gallu anniffinadwy bron i synhwyro'r hyn sy'n ddiddorol, i ganfod yr un cymal pwysig mewn cyfrol o frawddegau difudd, i ymdeimlo â'r cyffrous mewn anialwch o undonedd, ac i ddyfalu'n gywir, dro ar ôl tro, yr hyn y dymuna'r cyhoedd ei wybod. Mae'n debyg mai o'r ymdrech i geisio dadansoddi beth sy'n gwneud "newydd", y tarddodd yr ystrydeb newyddiadurol mai dim ond pan fo dyn yn brathu ci y ceir digwyddiad sy'n werth ei gofnodi. Ni fyddai dim yn anarferol yn y gwrthwyneb.

Gan fod y reddf i synhwyro stori yn un mor anodd ei ddiffinio, mae'n dilyn nad yr un yw syniad pob newyddiadurwr o'r hyn sy'n ddiddorol. Gallai gohebydd a chanddo wybodaeth arbennig am ryw bwnc weld arwyddocad mewn stori a fyddai hwyrach yn hynod o anniddorol i ohebydd arall. Ond y gwir yw ei fod yn destun syndod pa mor gyson yw'r troeon pan geir unfrydedd barn am werth storiau.

Byddai cymharu cynnwys pob papur dyddiol ar unrhyw un diwrnod yn cadarnhau hynny. Ond rhag rhoi'r argraff mai rhyw ddawn oruwchnaturiol yw "gweld stori", teg ychwanegu fod dylanwadau eraill hefyd yn effeithio ar y dewis o ran teilyngdod.

Y mae 'na draddodiad fod newyddiadurwyr, fel un

gŵr, yn gwylio'i gilydd yn ogystal â gwylio'u ffynon-ellau newyddion.

Cyn hanner nos bydd gan holl bapurau Llundain, ac yn eu tro, bapurau dyddiol y rhanbarthau, syniad eithaf clir o ba rai fydd prif storiau pob papur arall drannoeth. Anfonir y wybodaeth ar wifren y "teleprinter" o'r Press Association, ac o ganlyniad, fe all tudalen flaen gael ei hail-wampio yn gyfangwbl er mwyn osgoi unrhyw gyhuddiad yn erbyn y papur hwnnw nad oedd "wedi ei gweld hi."

Gweir sylw bachog ar orfodaeth reddfol y newydd-iadurwyr i wylio'i gilydd yn y nofel ddigrifaf a ysgrif-ennwyd erioed am newyddiaduriaeth, sef *Scoop* gan Evelyn Waugh. Pwysicach i olygydd newyddion y "Daily Beast" na'r ffaith fod ei ohebydd hanner-pan William Boot wedi taro ar stori fawr oedd fod Boot yn glynu'n dynn wrth sodlau'r holl ohebwyr eraill a anfonwyd i'r un man ag ef. Fel yna'n unig y gallai'r golygydd fod yn dawel ei feddwl y byddai'r "Beast" yn cario'r stori a fyddai'n ymddangos yng ngweddill papurau Llundain hefyd. Gallai ei lapio ei hun yn y sicrwydd iddo wneud y peth iawn.

Lleolwyd *Scoop* mewn gwlad ddychmygol yn Affrica yn ystod y blynyddoedd rhwng y ddau ryfel byd. Ond yr un yw meddylfryd golygyddion newyddion o gig a gwaed, ac yn heidiau gyda'i gilydd y gwelir gohebwyr yn mynd ar drywydd pob stori. Etifeddwyd yr arferiad gan unedau newyddion y radio a'r teledu. Mae stori sy'n ymddangos gyntaf yn y papur newydd yn stori "ddiogel". Rhed y camerau ar ei thrywydd, a gohebwyr slic y teledu i'w canlyn, yn llwyr argyhoedd-edig mai eu techneg hwy yn unig a all wneud cyfiawnder â'r stori.

Ar y cyd y gwna newyddiadurwyr lawer o'u pen-derfyniadau hefyd. Dros beint yn y dafarn wedi'r drin yr amcangyfrifir y difrod, uchder mynyddoedd, y pellter a faint o bobl a welwyd mewn gwrthdystiad.

Gallai gohebydd penchwiban gynnig fod mil yno, ond byddai cymheiriaid mwy profiadol yn tueddu at geidwadaeth, gan awgrymu tri chant. Y farn gyffredinol a dderbynnir yn y diwedd, a dichon mai'r cynnig o bum cant gariai'r dydd !

Mae hyn yn peri i ddyn amau a oes yna tybed ryw ansicrwydd cynhenid ynghlwm wrth y gynneddf newyddiadurol ? Ai rhyw ffrynt ymddangosiadol wedi'r cyfan yw'r haerllugrwydd wyneb-galed a ddangosir i'r byd ? Gan nad oes angen trwydded i ymarfer y grefft, does ond rhaid awgrymu wrth y sawl sy'n gweithio ar bapur nad yw ei drwyn cystal ag y bu am ffroeni stori neu nad yw'n berson addas wedi'r cyfan i wneud gwaith newyddiadurol, a dyna danseilio ei hunan-hyder ar amrant.

Ni ddylai fod mor hawdd dirmygu cyfreithiwr neu feddyg neu athro yn y ffordd yna. Hyd yn oed pe bai cymhwyster un o'r rheini ar gyfer ei swydd yn destun amheuaeth, y mae ganddo dystysgrif sy'n dystiolaeth barhaol iddo gael ei gydnabod gan yr awdurdodau priodol, ar bapur beth bynnag, yn gymwys i'w swydd.

Nid oes ym meddiant y rhan fwyaf o newyddiadurwyr unrhyw brawf o'r fath, ac am flynyddoedd yn lled ddirmygus yr ystyrid y dystysgrif cymhwyster y mae'n ofynnol i bob glas-newyddiadurwr astudio amdani erbyn hyn. Fe'i rhoddir i'r ymgeiswyr llwyddiannus ar derfyn cwrs tebyg i'r un a gynigir yng Ngholeg Masnach Caerdydd. Mae disgwyl i bob papur newydd ryddhau eu gohebwyr ifanc am ddau gyfnod o wyth wythnos yr un yn ystod tair blynedd eu prentisiaeth i gael hyffordd-iant mewn llaw-fer a theipio, yr iaith Saesneg, y cyfan-soddiad Prydeinig, peirianwaith seneddol, llywodraeth leol, materion cyfoes, a'r gyfraith yn ei pherthynas â gwaith y newyddiadurwr.

Er mai cwrs yw hwn i bobl ifanc sydd eisoes wedi llwyddo i gael swydd ar bapur newydd, mae'r coleg hefyd yn rhoi blwyddyn o hyfforddiant i fyfyrwyr a ddaw'n syth o chweched dosbarth yr ysgol efo dau bwnc lefel 'A'. Ni sicrheir swydd newyddiadurol i unrhyw fyfyriwr a dderbynnir i'r cwrs, ond gellid tybio er hynny y byddai'n gwrs gwerth ei ystyried gan y sawl nad yw'n dymuno mynd i goleg addysg.

Yn ogystal â hyn, mae adran o Goleg y Brifysgol, Caerdydd, yn cynnig cwrs blwyddyn ychwanegol mewn newyddiaduriaeth i raddedigion. Y cwrs yma, a arloeswyd gan Tom Hopkinson, golygydd yr hen *Picture Post*, yw'r cyntaf i gael ei sefydlu ym Mhrydain ac mae ymgiprys brwd i gael derbyniad iddo. Peth newydd iawn yw'r pwyslais a roddir yn awr ar addysg ffurfiol i newyddiadurwyr. Mor ddiweddar â dechrau'r chwedegau gallai brwdfrydedd llanc pymtheg oed gael swydd iddo ar bapur lleol. Yn y cyfamser mynnodd y Cyngor Cenedlaethol Hyfforddi Newyddiadurwyr Ieuanc y dylai pob ymgeisydd fod yn berchen o leiaf bum pwnc lefel 'O' yn arholiadau'r Dystysgrif Addysg Gyffredinol. Tybed, yn wir, a welir y prifysgolion cyn hir yn cynnig cyrsiau gradd mewn newyddiaduraeth ar batrwm y rhai sydd wedi bod yn gyffredin yn yr Unol Daleithiau ers blynyddoedd?

Gwŷr gradd fydd newyddiadurwyr y dyfodol bron i gyd, mi gredaf, ond ar hyn o bryd nid yw tystysgrif yn creu fawr o argraff ar y rhai hynny a enillodd eu lle mewn newyddiaduriaeth o dan yr hen drefn, yn syth o'r ysgol. Wedi'r cwbl ni all un dernyn papur na rhes o lythrennau hogi trwyn am stori.

Er mai dilyn y llwybr traddodiadol i fyd newyddiaduriaeth wnes innau ni allaf gytuno â'r farn mai gwerthfawr i mi fu cychwyn gweithio am ddwy bunt yr wythnos, ac ni chofiaf i mi elwa rhyw lawer ychwaith wrth gario glo i dân y swyddfa. Gallwn fod wedi gwario'r amser a dreuliais ar wneud te yn gwneud pethau llawer rheitiach! Nid yw'n dilyn fod addysg yn gwarantu cyflenwad o synnwyr cyffredin ond does bosib nad yw pawb yn haeddu ychydig flynyddoedd o fod yn gymharol ddi-gyfrifoldeb ; boed hynny fel myfyriwr neu hyd yn oed fel un dan orfodaeth filwrol. Mae cychwyn ennill bywoliaeth cyn dechrau byw yn rhywbeth y gellid ei hepgor yn hawdd.

Yn ei fywgraffiad dywed Donald Edwards, rheolwr-gyfarwyddwr I.T.N. a chyn brif olygydd newyddion y B.B.C. ym Mhrydain, mai ar waethaf, yn hytrach nag oblegid, ei radd o Gaergrawnt y llwyddodd i gael ei dderbyn fel gohebydd. Yn ystod y cyntaf o ddau gyfweliad aflwyddiannus a gafodd wrth geisio am swydd yn Llundain arweiniodd y golygydd ef at ffenestr ei swyddfa uwchlaw Fleet Street.

"Sut y byddech chi, yn syth o feudwyaeth y bywyd academaidd, yn ennyn diddordeb y trempyn acw ar gornel y stryd ?" gofynnodd. Doedd gan Donald Edwards yr un ateb. Aeth yn ei ôl i Ogledd Lloegr i ddysgu diddori mewn ffordd gyfrifol.

"Roedd creulondeb ac arwriaeth bywyd yn Swydd Gaerhirfyn ar ôl tair blynedd o hwyl a myfyrdod yng nghynteddau Caergrawnt yn rhoi i mi ymdeimlad o israddoldeb," meddai.

"Roedd y gwerthoedd academaidd yn anobeithiol o amherthnasol. Bu'n rhaid i mi ddysgu sut i ganfod ac ysgrifennu newyddion a fyddai o ddiddordeb i lowyr, i wehyddion, i beirianwyr ac i'w gwragedd blinedig. Bu'n rhaid i mi lunio fy newyddion yn berthnasol i'r lofa, i'r ffatri ac i'r bwthyn . . . Yn raddol, dysgais nad peth esgymun yw diddori'r mwyafrif, a deuthum i gael fy swyno gan y grefft o wneud bywyd yn ddarllenadwy."

Flynyddoedd cyn yr ysgrifennwyd *The Two Worlds of Donald Edwards* roedd yr Arglwydd Beaverbrook wedi datgan syniadau cyffelyb am y cefndir cymwys i newyddiadurwyr :

"Nid yw ysgol breswyl a chwrs prifysgol o unrhyw fantais i'r newyddiadurwr sydd am fod yn olygydd ; yn wir fe all, o bosib, fod yn anfantais iddo . . . Dylai'r llanc sy'n dymuno newyddiadura gamu'n gyntaf i ris isaf yr ysgol a chan gychwyn fel gohebydd, dylai droedio llwybrau garw is-olygu cyn gobeithio bod yn olygydd newyddion. Fel yna y trwytha ei hun, nid yn unig yn holl dechneg ei yrfa, ond hefyd yn y dasg o gadw mewn cysylltiad parhaus â newyddion— defnydd crai ei grefft."

Ond er nad yw'r ddisgyblaeth meddwl na'r hyfforddiant mewn trafod syniadau a ddyry cwrs coleg yn hanfodion newyddiadurol, o angenrheidrwydd, yn sicr y maent yn fanteisiol. Anaml y bydd yn ofynnol i ohebydd ysgrifennu mwy na rhyw ddwy fil o eiriau ar y tro, a hynny yn fwy aml na pheidio ar frys gwyllt. Wrth ysgrifennu unrhyw beth hwy na hynny, tuedda teithi meddwl newyddiadurwyr fynd ar chwâl, gyda'r canlyniad fod eu hymdrechion i ysgrifennu'n faith yn datblygu'n gyfres o syniadau unigol, wedi eu dewis yn fympwyol a'u clymu'n anghymarus. Dyna pam, mae'n debyg, mai ychydig o newyddiadurwyr y gellir eu rhestru ymhlith awduron blaenllaw, er fod deunydd awdur rhwystredig yng nghynhysgaeth aml i newyddiadurwr !

O fwriad yr anwybyddwyd hyd yma y cymhelliad a ymddengys y pwysicaf un i ddenu pobl at newyddiaduriaeth, sef yr awydd i ysgrifennu. Wrth gwrs y mae'r gallu i ysgrifennu'n synhwyrol yn hanfodol i unrhyw newyddiadurwr : y gallu i ysgrifennu, sylwer, ac nid y ddawn i lenydda. Dylid gwahaniaethu rhwng y ddau beth ar y dechrau, oherwydd ym merw newyddiadura, prin y daw cyfle i ysgrifennu'n goeth. Pwysicach yw cywirdeb, eglurder, a'r ddawn i ymdrin â chynnyrch darfodedig yn frysiog ac yn syml. Fe dâl i'r egin-lenor sylweddoli hyn cyn ymateb i awydd annelwig i weithio ar bapur newydd. Dylai yn gyntaf ystyried y gallai fod yn puteinio dawn drwy ei haberthu i gyflenwi gofynion byr-hoedlog y wasg. Yn ddiddadl, nid llenydda yw newyddiadura, ond techneg o ddefnyddio geiriau i gyfleu gwybodaeth. Prin y gwn am unrhyw newydd-iadurwr sy'n cymryd arno ei fod yn ddim amgen na pheiriannydd yn trin geiriau.

Trueni fod cymaint o "lenorion" cydnabyddedig yn gyndyn i dderbyn y ffaith syml hon ac yn tueddu i edrych ar newyddiadurwyr gyda pheth dirmyg nawdd-ogol ! Byddai'n fuddiol iddynt sylwi ar yr hyn a ddywedodd Gwilym R. Jones, golygydd y *Y Faner*, a gyplysodd ei grefft newyddiadurol gyda'i ddawn lenyddol :

"Mae'r wasg Gymraeg wythnosol yn anhepgorol i lenorion ac yn cyfrannu llawer tuag at gadw cyfrwng y llenor Cymraeg—yr iaith—yn fyw. Y mae cyswllt clir rhwng ein llenyddiaeth gyfnodol ni â llenyddiaeth ag iddi-hi arwyddocâd a gwerth mwy parhaol. Pe bai newyddiaduriaeth Gymraeg yn darfod o'r tir, byddai hynny'n rhwym o ddeud ar lenyddiaeth y genedl a byddai'n golled i lenorion. Y mae'n rhan o ddyletswydd newyddiaduriaeth gyfrifol i wneud llenyddiaeth sylweddol yn bosibl ac yn dderbyniol gan ddarllenwyr Cymraeg."

Yng nghynhadledd Taliesin yn Llanbedr-pont-Steffan ym 1972 terfynodd D. Tecwyn Lloyd ei ddarlith ar *Y Wasg yng Nghymru* drwy wneud apêl ar i'r miloedd hynny a gafodd hyfforddiant yn y Gymraeg i ymarfer eu gallu i ysgrifennu'r iaith drwy gyfrannu i bapurau Cymru : papurau sydd â'u dyfodol, ar y gorau, yn ddigon simsan. Dyma ddyfyniad o'i ddarlith :

"I ba bwrpas yr ydys yn dysgu 'sgrifennu a chyfan-soddi Cymraeg ? Pa ddefnydd i'r peth os nad ydym yn ei arfer ? Ai er mwyn ennill gwobrau mewn 'steddfod a chael yr enw o fardd neu lenor ? Byddaf yn meddwl hynny weithiau wrth feirniadu mewn ambell 'steddfod ac yn meddwl hefyd gymaint mwy o wasanaeth i'w gwlad a'u cenedl a wnâi tri-chwarter o'r ymgeiswyr hyn petaent wedi ysgrifennu mis neu ddau o newyddion i'w papur lleol yn hytrach na gwastraffu amser pawb i gynhyrchu ffug-lenyddiaeth ddynwaredol.''

Dyna farn golygydd *Taliesin* a chenadwri gyffelyb oedd gan y Parchedig D. Jacob Davies hefyd wrth drafod ''Cyfyngderau'r Wasg'' yn *Arolwg* 1969. Fel hyn y gwelai ef y sefyllfa :

''Y mae'n hen bryd i fechgyn a merched Cymru sylweddoli pwysigrwydd y wasg, ac yn lle tyrru yn heidiau dof i golegau hyfforddi ac i lwybrau galwedigaethau saff, ymwregyswch ar gyfer y byd anturus hwn lle mae gwirionedd gwerthfawr i'w ddiogelu a'i ledaenu. Angen mawr Cymru ar hyn o bryd yw, nid syrffed o lyfrau sâl, ond newyddiaduron a newyddiadurwyr dewr, yn wŷr busnes ac yn ysgrifenwyr, sy'n fodlon mentro ein harwain allan o'n cyfyngderau presennol.''

Dichon y byddai Jacob Davies yn cytuno â sylw'r Pab Ioan a ddywedodd mai newyddiadurwr fyddai Sant Paul pe bai'n byw heddiw. Ond ni allaf lai na chredu fod y Pab a'r Parchedig Jacob Davies o dan un camargraff ! Nid denu'r lliaws i'w ffordd ef ei hun o feddwl, drwy ledaenu ''gwirionedd gwerthfawr'' yw gwaith newyddiadurwr ran fynychaf, ond cofnodi ffeithiau moel, a hynny yn oeraidd a di-deimlad. Nid dyna a wnaeth Paul. Credai mai ganddo ef yr oedd y gwirionedd ac mai ei ddyletswydd oedd ''arwain allan o gyfyngder.'' Ymhel â'r tragwyddol a wnâi Paul yn hytrach na chofnodi hanesion am ddigwyddiadau beunyddiol. Cenadwri danbaid oedd ganddo i'w lledaenu ond rhagorach rhinwedd i'r newyddiadurwr yw goddefgarwch di-dderbyn-wyneb. Yn y Gymru sydd ohoni, mae hynny'n bwysicach nag erioed.

I'r ' Bedwaredd Stad '

Y tro cyntaf erioed i mi weld cerdyn aelodaeth Undeb Cenedlaethol y Newyddiadurwyr oedd ar lawr uchaf bws ar y ffordd o Fangor i Benllech yn Sir Fôn. Fe'i dangoswyd i gyfaill gan ŵr ifanc a eisteddai o'm blaen. "Fe ddefnyddia i hwn," meddai, "cymer dithau'r tocyn." Felly y bwriadai'r ddau gael mynediad i ddawns yn neuadd Glanrafon, Benllech, y noson honno. O eiddigedd syml bachgen ysgol at y grym a gynrychiolid gan y gair hudolus—"PRESS"—mewn llythrennau breision y tu mewn i glawr y cerdyn y tyfodd dyhead ynof innau i ddeisyfu gyrfa yn y "Bedwaredd Stad".

Wyddwn i ddim y diwrnod hwnnw am y cymwysterau eithriadol y tystiai cyfrolau fel *Teach Yourself Journalism* eu bod yn hanfodol cyn dechrau poenydio golygyddion. Ac aeth sawl blwyddyn heibio cyn i mi glywed mai cyfaredd tocyn o eiddo brawd hŷn, yn sicrhau mynediad rhad ac am ddim i sinema ym Mhenarth, a roddodd Hugh Cudlipp ar ben y ffordd a'i harweiniodd i gadair olygyddol y *Daily Mirror* a phinacl yr International Publishing Corporation.

Ond yng nghanol cynghorion bytheiriol y cyfrolau trwchus ar ddewis gyrfa, yr oedd un cysur : ni soniai'r un ohonynt fod y gallu i wneud ' syms ' yn rhinwedd angenrheidiol i newyddiadurwr ! Ar gyfer pob swydd arall—ac eithrio, os wyf yn cofio'n iawn, gyrfa meddyg traed—roedd rhifyddeg yn bwnc hanfodol.

Llyfrgell yr ysgol oedd fy noddfa rhag hunllef yr

24

ystafell fathemateg, ac yno, yn ddamweiniol un prynhawn, y deuthum ar draws llyfr digon di-sôn-amdano o'r enw *The Monday Story*. Nofel i blant wedi ei seilio ar yrfa tri bachgen yn gadael ysgol ar yr un pryd oedd hi, a'r tri yn dilyn llwybrau gwahanol i fyd newyddiaduriaeth. Aeth y cyntaf yn gyw-ohebydd ar bapur lleol, y llall yn syth i ferw Fleet Street fel negesydd, ac arhosodd y trydydd gartref ar fferm ei dad i ysgrifennu pytiau yn achlysurol i bapurau newydd a chylchgronau. Bu darllen stori syml am brofiadau'r tri, heb ddim o'r gorbwysleisio ar yr hanfodion aruchel a geid yn y llyfrau dewis gyrfa, yn falm i enaid un ar gychwyn ei ail flwyddyn yn y pumed dosbarth. Ni fu angen llyfr dewis gyrfa arnaf i wedi hynny.

Bellach mae *The Monday Story* allan o brint, ond aeth ei awdur, James Leasor, o nerth i nerth. Mae ei nofelau antur am helyntion y meddyg gwlad, Jason Love, a dwyllwyd i ymuno â gwasanaeth cudd y llywodraeth, yn gwerthu wrth y miloedd, a dwy neu dair ohonynt wedi eu haddasu'n ffilmiau. *The Monday Story*, a ddeilliai'n rhannol o brofiad personol yr awdur, oedd un o lyfrau cyntaf James Leasor, gŵr sydd hefyd yn wrthrych un o chwedlau mwyaf adnabyddus Fleet Street.

Ar derfyn y rhyfel, ac yntau'n ohebydd i'r *Daily Express* yn Amman yn y Dwyrain Canol, credodd y byddai marchnad barod ym Mhrydain i ddŵr o Afon Iorddonen. Ar gyfaddefiad James Leasor ei hun, dychmygai eglwysi Cristnogol, a rhieni oedd â phlant i'w bedyddio, yn heidio i dalu crocbris iddo am botelaid o'r dŵr sanctaidd. Galwodd dystion a chafodd dystysgrif gan Batriarch Jerusalem i gadarnhau mai dŵr o'r Iorddonen a lanwai ei gasgen saith galwyn. Talodd ddwy-bunt-ar-bymtheg a chweugain am ei hedfan i Brydain. Dim ond ar ôl i'r gasgen gyrraedd pen ei thaith y sylweddolodd mai'r un olwg sydd ar bob dŵr o'i roi mewn potel !

Dyna gadarnhau'r gred mai dynion busnes digon

aflwyddiannus yw newyddiadurwyr ar y cyfan, ond dengys hefyd y gallant ddatblygu'n awduron creadigol llwyddiannus. Heddiw, mae James Leasor yn ŵr cefnog, â'i gartref mewn plasdy hynafol ar gwr Salisbury yn Wiltshire.

Enwau yn unig oedd dynion papur newydd i lanc o'r wlad. Roedd John Aelod Jones yr un mor afreal i mi â Duncan Webb,—a T. Glynne Davies mor anghyraeddadwy ag Alistair Cooke ! Ond trwy ddirgel ffyrdd, cefais wŷs i ffonio rhif arbennig rhyw ddiwrnod i gael cyfarwyddyd o enau un o feistri'r grefft : gŵr yr oedd ei enw, fel ei lais, eisoes yn gyfarwydd yng Nghymru'r pumdegau. Fe'm cynghorodd i ymgeisio am swydd ar bapur Saesneg. A dyna wnes i. Heb ofyn iddo drachefn mentrwn honni ei fod wedi newid ei feddwl erbyn heddiw, ac y byddai'n fodlon i mi fynd i ymhel â newyddiadura trwy gyfrwng y Gymraeg yn unig. Ond er cymaint y newid a fu yn y tymheredd Cymreig mewn amser mor fyr, credaf y byddai'r cyngor a roddodd i mi yr un mor gymwys i fab neu ferch uchelgeisiol â'u bryd ar newyddiadura heddiw.

Ceir unfrydedd barn ymhlith dynion papur newydd mai'r ffordd ddelfrydol i fyd newyddiaduriaeth yw ymuno â phapur lleol i ddechrau, naill ai'n syth o'r ysgol neu ar ôl graddio. Ond haws yw dweud na gwneud hynny hefyd. "Deuparth gwaith yw ei ddechrau," meddai'r hen ddihareb ; y gamp mewn newyddiaduriaeth yw cael cychwyn. Gan nad oes llwybr pendant ar agor, dyfalbarhad sy'n mynd i sicrhau swydd, a hynny yn unig i'r rhai mwyaf eiddgar. Prin yw nifer y papurau, ac mae'n dilyn nad oes cymaint â hynny o swyddi ar gael. Anaml felly y gwelir hysbysebu am ohebwyr ifanc. Mae'r gwangalon a'r diamynedd yn debyg o anobeithio ar ôl i gais neu ddau gael eu gwrthod gyda throad y post. Ond yn y pen draw, mae'n weddol sicr y caiff y penderfynol neu'r gwir ymroddedig gyfweliad, ac efallai swydd, ar ei union.

Mae'n debyg mai'r elfen o siawns a'r diffyg ffurfioldeb yn y dull o benodi sy'n cyfrif mai ychydig o gymell sydd ar bobl ifanc wrth adael yr ysgol i ystyried gyrfa newyddiadurol. Wrth annerch mewn ysgolion o dro i dro, fe'm synnwyd gan anwybodaeth y meistri gyrfaoedd am swyddi ym myd y wasg. Ond hanner canrif yn ôl, roedd E. Morgan Humphreys eisoes yn ysgrifennu am ei bryder ynglŷn â dyfodol y wasg yng Nghymru :

"Yn anffodus, nid yw nifer y dynion ieuanc galluog sy'n troi i wasanaethu y wasg Gymreig yn fawr, ac y mae hyn yn un o'r rhesymau pennaf dros anesmwytho am ei dyfodol . . .

"O ba le y daw ' recruits ' newydd, y mae'n anodd dywedyd. Yn yr amser a aeth heibio nid oedd y cyflog na'r amodau gwaith yn gyfryw ag i ddenu llawer ar neb. Y mae pethau yn well erbyn hyn, ond y mae'n rhaid i'r neb sy'n meddwl am fyned yn newyddiadurwr Cymreig gofio eto nad yw ei gyflog yn debyg o fod gymaint â chyflog athraw mewn ysgol sir, a bod ei oriau yn hwy a'i waith yn galetach. Ar y llaw arall, dylid cofio ei fod yn ddifyrrach gwaith ac yn rhoddi llawer gwell cyfle iddo gyfarfod pobl a dyfod i ddeall bywyd y wlad."

"Y mae pethau yn well erbyn hyn," meddai, ac yntau'n ysgrifennu ym 1924 ! Erbyn heddiw, mae'r sefyllfa'n llawer gwell, ac nid oes rhaid i newyddiadurwyr boeni i'r un graddau am eu cyflogau. Ystyriaeth arall yn ein dyddiau ni yw y bydd swyddi brasach mewn radio neu deledu Cymraeg i'r newyddiadurwyr bywiog a fwriodd eu prentisiaeth ar bapurau lleol.

Fel cywion gohebwyr y derbynnir bechgyn a merched yn syth o'r ysgol i swyddfeydd y papurau lleol, ac mae tuedd i roi'r argraff mewn cyfweliadau mai cymwynas hael yw estyn y cyfle. Ond yn ddieithriad, caiff pobl un a dwy ar bymtheg oed eu taflu i ganol berw'r drin o gasglu newyddion o ddiwrnod cyntaf eu cyflogi, a hynny am gardod. Ar ymdrechion aelodau ieuengaf eu swyddfeydd y dibynna'r papurau lleol i raddau helaeth iawn am eu cyfraniadau. Y bobl ifanc eu hunain, a'u hwynebau babanod, a fydd yn ' dioddef ' wrth fynd ati i geisio casglu newyddion o lys barn a siambr cyngor a neuadd gyngerdd. Sut mae bachgen sydd heb ddechrau eillio yn mynd i ddarbwyllo plismon blin neu glerc yr awdurdod lleol ei fod o ddifrif wrth holi a chwilio am wybodaeth ?

Fy ngorchwyl cyntaf—un rhwydd, y mae'n rhaid cyfaddef—fu holi pâr oedrannus a ddathlai eu priodas aur. Roedd yr hen ŵr, diolch i'r drefn, yn un ffraeth a siaradus, ac ni fu raid i mi ond gwrando ar hanesion am droeon trwstan ei garwriaeth a bendithion ei fywyd priodasol maith. Ond yn y man, cafodd yr hen wraig dawedog ddigon ar hyn, gan deimlo, mae'n debyg, y dylwn i gael cyfle i ofyn ychydig o gwestiynau.

"Byddwch ddistaw, John," meddai, "mae'r gŵr ifanc yn gwybod ei waith yn well na chi !" Ychydig a wyddai ! Ar y pryd, doeddwn i ddim wedi derbyn fy ngwers newyddiadurol gyntaf, sef fod pob stori yn canfod yr atebion i chwe chwestiwn sylfaenol Beth ? Pam ? Pryd ? Sut ? Ple ? a Pwy ? Fel y galwodd Kipling hwy :

> ". . . six honest serving-men
> (They taught me all I knew)."

Daeth galwad arall yn un gyson yn nyddiau papur lleol ; siwrne wythnosol oedd honno i weld Deon Bangor. Prin oedd y newyddion a gawn ganddo, ond cafodd ef negesydd cyndyn am dair blynedd i fynd i nôl ei sigarets bob bore Mercher. Ar ei liwt ei hun y dysga'r gohebydd ifanc yn fuan iawn sut i drafod y "pen-pwysigyn" y soniodd Dafydd Iwan amdano. Ac yn sgîl hynny'n sicr yr heuir hâd yr agwedd drahaus a haerllug honno a erys yn rhan annatod o gymeriad cynifer o newyddiadurwyr drwy gydol eu hoes.

O gofio mor allweddol mewn datblygiad cymeriad yw'r syniadau a blennir ym mlynyddoedd olaf yr arddegau mae llawer yn dibynnu ar y math o gydweithwyr a gaiff y newyddiadurwr ifanc ar ddechrau ei yrfa. Tra bo cyfoeswyr mwy ysgolheigaidd yn elwa ar fywyd coleg a dylanwad eu hathrawon, dim ond hen newyddiadurwyr sydd gan gywion gohebwyr i droi atynt am arweiniad a chyngor. Ond yn ôl bywgraffiadau rhai o wŷr mawr y wasg yn y gorffennol, bu Cymru'n ffodus i gael dynion blaenllaw ymhlith golygyddion ei phapurau newydd.

Hyd yn oed heb y fantais o allu prifio dan adain rhyw gawr ysgolheigaidd a fedyddiwyd mewn potel inc, gall unrhyw ohebydd ifanc gymryd yn ganiataol y caiff ei drwytho'n gynnar iawn mewn dau, os nad tri, hanfod— y pwysigrwydd o drafod pob pwnc yn wrthrychol a'r pwysigrwydd o feithrin parch at y gwirionedd. Dadleuol erbyn heddiw yw pwysigrwydd y trydydd cymhwyster, sef y gallu i ysgrifennu llawfer.

Ers talwm, byddai golygyddion papurau newydd yn mynnu fod pob gohebydd newydd yn addo anelu at drylwyredd yn y grefft hynafol honno, a bod hynny'n un o amodau ei benodi. Dyna y bu'n rhaid i Tom Richards, cyn-bennaeth newyddion y B.B.C. yng Nghymru, ei wneud cyn iddo gael ei swydd gyntaf gan olygydd y *Cambrian News* yn Aberystwyth, ac yntau yn ddwy-ar-bymtheg oed. "Blwyddyn ddi-dâl o dreial, a chyflymdra o gant o eiriau'r funud yn llawfer Pitman ar ei therfyn." Gwnaeth yntau'n well na hynny, gan gyflwyno tystysgrif am gant ac ugain o eiriau'r funud i Robert Read, y golygydd, pan ddaeth y flwyddyn 1927 i ben.

Ond er mor ddefnyddiol yw llawfer, mae carfan gref o newyddiadurwyr yn dadlau mai anfantais yn hytrach na mantais yw perffeithrwydd yn y grefft. Credir bod perygl i'r gohebydd sydd yn nodi'n reddfol bob gair a glyw yn anghofio rhesymu'r hyn a ddywedir ac felly ei fod mewn perygl o golli'r stori ! Dadl academaidd efallai, a pheiriannau recordio wedi dod yn declynnau mor symudol a chymharol resymol eu pris erbyn hyn.

Nid felly'r hanfodion eraill. Ystyrir fod gwrthrychedd a geirwiredd yn anhepgorion holl bwysig i'r newydd-iadurwr, y tu hwnt i bob dadl.

Y stori a adroddir fynychaf i egluro'r cymhwyster cyntaf yw'r un am y gohebydd a anfonwyd i wrando pregeth gan y Cadfridog Booth, sylfaenydd Byddin yr Iachawdwriaeth. Yn anterth ei hwyl, anelodd y Cadfridog ei fys at ohebydd a eisteddai yn y rheng flaen gan daranu,

"A gawsoch chi eich achub, fy machgen i ?"
"Pwy, y fi ?" meddai'r gohebydd mewn penbleth a chryn syndod, "Ond y Wasg ydw i !"

Nid oes gennyf unrhyw gof am neb erioed yn dweud wrthyf yn blaen na ddylwn byth ddangos cymeradwy-aeth, waeth pa mor deilwng yr achlysur, na pha mor haeddiannol bynnag y clod : o'r cychwyn roedd yn ddealladwy na ddisgwylid i ' ddyn y wasg ' guro dwylo. Dyma un o'r ffyrdd, mae'n debyg, y gall newyddiadur-wyr, fel y Seiri Rhyddion, adnabod ei gilydd mewn tyrfa !

Yr un mor ddi-gwestiwn yw'r ddealltwriaeth fod ffeithiau yn bethau cysegredig, ac na ddylid byth eu camliwio. Fel y deil rhai i gredu o hyd, er gwaethaf dyfodiad y teledu : ' Mae'n rhaid ei fod o'n wir ; roedd o yn y papur ! ' Sen ar fy safonau hunan-fabwysiadol felly, fu'r awgrym cellweirus a wnaed un dydd gan faer Dinas Bangor, yr henadur rhadlon, Caradog Jones. I'm rhan ar ddydd o haf poeth 1959 y daeth gorchwyl a gaiff pob cyw-ohebydd ar bapur lleol yn hwyr neu'n hwyrach, sef dilyn y maer ar daith o amgylch ysbytai'r dre. Daeth y daith honno i ben mewn cartref i'r henoed yng nghysgod Pont y Borth. A dyna hen wreigan, o esmwythder ei gobennydd, yn gofyn i'r maer pwy oeddwn i, a safai yn ei ymyl. Atebodd yntau gyda'r ystrydeb mai un o'r bobl hynny oeddwn i a enillai fywoliaeth trwy ddweud celwyddau.

"O," meddai'r hen wraig, "twrne ydach chi 'machgen i ?" Unwaith yn rhagor, roedd enw da fy nghrefft wedi ei adael yn ddilychwin !

Fy swyddogaeth i yn hebrwng y maer oedd gofalu bod enw pob copa walltog y siaradodd y maer ag ef yn ymddangos ym mhapur lleol Bangor ddiwedd yr wythnos. Os gwrthrychedd a pharch at ffeithiau yw hanfodion newyddiadurwyr, cynnwys enwau cymaint o ddarllenwyr ag sy'n bosibl yn eu papurau yw'r abwyd sy'n eu gwerthu. Ar y gwerthiant y dibynna dylifiad hysbysebion, ac arian y rheini sy'n talu cyflogau.

Am flynyddoedd, coleddais syniad y gallwn ddyblu gwerthiant y papur o fewn wythnos bron. Y gyfrinach oedd dileu'r hysbysebion oddi ar y dudalen flaen, a'u claddu rywle o'r golwg yng nghrombil y papur. (Erbyn hyn dyna yw diwyg fy hen bapur, y *North Wales Chronicle*, ac yn sicr ddigon mae ei ddyfodol gyda phapurau Croesoswallt yn dipyn llai simsan nag oedd yn y dyddiau hynny a welodd dranc ei gymar Cymraeg, *Y Clorianydd*.)

Papurau Caernarfon yw'r ychydig sy'n glynu wrth yr hen drefn o roi i'r hysbysebion y lle blaenaf, ac mae'n rhaid cydnabod mai rhesymol yw dadl John Eilian dros eu gadael yno. I ddarllenwyr papur lleol, meddai ef mae hysbysebion yn newyddion. Pwy sy'n symud ? Pwy sy'n gwerthu ei stoc ? Pam fod busnes hwn-a-hwn ar y farchnad ? Dyna'r math o bethau sy'n bwysig ar raddfa leol. Dyna wedi'r cwbl yw hanfod newyddion lleol. Eu cyflenwi yw swyddogaeth papur ardal.

Ehangu Gorwelion

Ar ddechrau'r ganrif cyhoeddid naw o bapurau dyddiol yng Nghymru. Erbyn heddiw nid oes ond pump, a phapurau diwetydd yn cylchredeg yn eu hardaloedd eu hunain ydynt bob un ac eithro'r *Western Mail*. Efallai y dylid cyfrif y *Liverpool Daily Post* hefyd ymhlith papurau Cymru. Yn ôl nifer ei ddarllenwyr Cymreig, yn sicr fe fyddai ganddo'r un cyfiawnhad â'r *Western Mail* dros alw ei hun yn 'bapur cenedlaethol'. Rhywsut mae'r ddau bapur gyda'i gilydd yn llwyddo'n rhyfeddol i sicrhau na chaiff dim o bwys sy'n digwydd yn Ne a Gogledd Cymru ei anwybyddu.

Stori o ddirwasgiad yw stori'r wasg yng Nghymru ers troad y ganrif. Yn y blynyddoedd cynnar, roedd tref fel Caernarfon yn gallu cynnal pedwar-ar-ddeg o bapurau wythnosol. Pedwar o bapurau'r *Herald* yn unig sydd yno erbyn heddiw a chylchredeg yn Sir Fôn y mae dau o'r rheini. Erbyn 1964, roedd nifer y papurau a gyhoeddid yng Nghymru wedi gostwng i gant union. Lai na deng mlynedd yn ddiweddarach mae pump-ar-hugain o'r rheini hefyd wedi diflannu ; naill ai wedi eu llyncu gan un o bapurau eraill eu cylch, neu wedi marw'n dawel fel y gwnaeth *Y Clorianydd* ym 1969, heb neb yn gofidio rhyw lawer am ei ymadawiad.

Yn sgîl y papurau, diflannodd llawer o'r colofnwyr lleol diwyd a fu'n asgwrn cefn mor gadarn iddynt dros y blynyddoedd. Cyffredinedd bywyd bob dydd yn y wlad a nodweddai eu colofnau. Felly hefyd gyfraniadau y rhai sydd yn dal ati : ffiloreg, efallai, i'r sawl sy'n eu darllen o hirbell, ond o fewn eu milltir sgwâr, mae barn y colofnwyr lleyg yn bwysicach na barn colofnau golyg-yddol y papurau dyddiol. Am "Enoc", y corn ar fawd ei droed, y doethinebai "P.H." yn ei "Sgribliadau" yn *Y Clorianydd* ers talwm ; rhigymu tipyn a myfyrio am bethau anfeidrol wnâi "Meredydd" yn ei golofn yn yr *Herald Gymraeg* ; a sôn am yr hyn a welai o Fangor Uchaf drwy ffenestr ei chartref ym Menai View, heb anghofio gair o ddiolch i'r sawl a wnâi gymwynasau â hi, a arferai Awen Mona yn ei "Manion" yn *Herald Môn.* Dyna rai o'r colofnwyr lleol a draethai'n wythnosol ym mhapurau Môn ac Arfon. Maent i gyd wedi tewi. Ym Mhowys, Dyfed a Gwent, yn ogystal ag yng Ngwynedd, mae eu tebyg yn dal ati. Am ba hyd tybed ?

Does ryfedd mai uchelgais gohebwyr bywiog, ar ôl bwrw'u prentisiaeth ar y papurau bach wythnosol, yw hel eu pac cyn gynted ag sy'n bosibl a chyrchu papurau dyddiol y dinasoedd. Ond yno wedyn nid yw'r sefyllfa mor iach, na'r dyfodol mor ddisglair, ag y bu. Mae a wnelo'r teledu lawer â thranc y papurau dyddiol a ddiflannodd yn ystod y deg neu'r pymtheng mlynedd diwethaf. Gyda'r edwino, peidiodd Fleet Street â bod yr atynfa a fu i newyddiadurwyr ifanc. Adrannau newyddion y cwmnïau darlledu yw'r Mecca erbyn heddiw ac i newyddiadurwyr Cymraeg, ar bapurau lleol yng Nghymru, mae ymgyrchu tuag yno yn uchelgais llawer mwy ymarferol nag ydyw i'w cymheiriaid ar bapurau bach yn Lloegr.

Ond buddiol i bob darpar-ddarlledwr fyddai cael profiad cynnar ar bapur dyddiol. Ac os am aros yng Nghymru, neu o fewn cyrraedd Cymru, fe gyfyngir y dewis i bapur Caerdydd neu bapur Lerpwl.

Credaf mai cyngor da oedd hwnnw a gefais ar gychwyn fy ngyrfa i chwilio am swydd ar bapur Saesneg. Siawns go wael fyddai gan y newyddiadurwr heb ddim ond profiad ar bapur Cymraeg i ddarbwyllo golygyddion y *Western Mail* a'r *Daily Post*, heb sôn am unrhyw bapur dyddiol yn Llundain neu Fanceinion, i roi cyfweliad iddo, heb sôn am swydd barhaol ar y staff. Prin fod angen ychwanegu mai caffaeliad i'r naill bapur a'r llall fyddai cael gohebwyr a drwythwyd yn y Gymraeg a Chymru. Er hyn, deil prinder affwysol ohonynt.

Wedi cyrraedd Thomson House neu Lerpwl, nid oes fawr yn wahanol yn hanfod gwaith y gohebydd ac eithrio bod y cynfas yn ehangach. Daw gwaredigaeth o'r diwedd rhag gorfod ymboeni pwy oedd enillwyr y "whist-drive" yn y neuadd bentref, a phwy yn union oedd y galarwyr yn angladd y mwyaf di-nod o'r plwyfolion. Ac mae'r ystafelloedd newyddion hefyd yn bur gyffelyb, ar wahân i'w prysurdeb. Yr un rhwystredigaeth newyddiadurol a'r un hen ragfarnau a drafodir yn barhaus am fod gofynion y grefft, yma fel ymhobman, yn deddfu na ellir gwyntyllu'r rhagfarnau hynny yn y colofnau newyddion.

Lle bo digonedd o Gymry di-Gymraeg, "Yr Iaith" yw'r cocyn hitio mwyaf cyfleus a phoblogaidd. Daw cyfle i genhadu ymhlith ei gydweithwyr, yn ogystal ag i newyddiadura, i'r Cymro Cymraeg sy'n ei gael ei hun ar staff ein 'papur cenedlaethol.'

Ceid tri math arbennig o newyddiadurwr ymhlith y nythaid ar y *Western Mail* yn ystod y cyfnodau a dreuliais i yno. Y bechgyn cymhedrol, cytbwys a chall a dynghedwyd i ddilyn gyrfa ofalus a sicr o fewn ymerodraeth Roy Thomson ; dyrnaid o Gymry Cymraeg yn disgwyl am wahoddiad i fywyd mwy llachar gyda'r B.B.C. neu T.W.W., a'r bobl a adawyd ar ôl i freuddwydio am frasach byd y tu allan i ffiniau'r triongl sy'n cysylltu Abertawe, Merthyr Tydfil a Chaerdydd ac i feio eu hanallu i siarad yr iaith am nad oedd y cyfle byth yn dod. Hon oedd y garfan a ddadrithiwyd. Fel brech, roedd tuedd yn yr agwedd i ymledu. Dros y blynyddoedd, magodd wreiddiau ym Mhontcanna ac yn Llandaf, ac ni ddarbwyllir y rhai a adawyd ar ôl o gwbl gan y ffaith mai'r eithriadau a lwyddodd i ddianc a'i swcrodd yn y mannau hynny.

Er hyn, mae'n rhaid talu teyrnged i'r *Western Mail*. Dyma'n sicr y maes hyfforddiant gorau i newyddiadurwyr yng Nghymru gyfan. Yn ystafell newyddion Thomson House, fel is-olygydd ac, yn wahanol i'r arfer, yn ddiweddarach fel gohebydd, y gweithiais galetaf ac y dysgais fwy nag a wneuthum cynt nac wedyn.

"Os ymunwch â ni," meddai'r golygydd Don Rowlands ar ddiwrnod fy nghyfweliad cyntaf yno, "os ymunwch â ni, fe ganfyddwch y bydd rhyw gymaint o werth snobyddlyd yng Nghaerdydd yn eich gallu i siarad Cymraeg."

A minnau'n dod yn syth o Gymreictod naturiol Gwynedd, wyddwn i ddim at beth y cyfeiriai, nes imi ymuno'n ugain oed â'i dîm o is-olygyddion. Dengys profiad iddo fod yn llygad ei le.

"Yr Hen Gelfyddyd Ddu"

Dylid egluro ar unwaith nad unrhyw fath o ddirprwy na chynorthwywr personol i olygydd papur newydd yw is-olygydd, ar waetha crandrwydd y teitl. Rhydd Picton Davies, a dreuliodd dros ddeugain mlynedd o'i oes yn gweithio i'r *Western Mail* y disgrifiad a ganlyn o'i waith yn ei fywgraffiad *Atgofion Dyn Papur Newydd* :

"Y mae'r is-olygydd yn feirniad di-dostur ar waith gohebwyr, ac yn amau cywirdeb pob brawddeg o'r eiddynt. Medr yr is-olygydd dalfyrru stori hir gwmpasog heb ei difetha. Drwy grynhoi a chywasgu medr roi llond chwart o ffeithiau mewn gwniadur. Disgwylir iddo wella pob hanesyn a ddaw i'w ddwylo, ei gymoni a'i dacluso hyd eithaf ei allu.

"Heblaw cof da a barn gytbwys mae gan yr is-olygydd da allu i ganfod doniolwch pethau ; dagrau pethau hefyd, a'r elfen ddramatig sydd ynghudd mewn ambell hanesyn. Fe ŵyr i'r dim beth a ellir (neu na ellir) ei gyhoeddi am achosion mewn llysoedd plant a'r llys ysgar, heblaw, wrth gwrs, adnabod ymadrodd athrodus o hirbell."

I esbonio'r ddawn dalfyrru, dyma fel yr âi is-olygydd ati i ymosod ar y frawddeg

"Gwerthir wyau ffres yma."

Prin fod unrhyw ffermwr yn debyg o rannu ei wyau am ddim, felly dyna ddileu'r gair "gwerthir." Fyddai neb, yn fwriadol, yn debyg o fentro gwerthu wyau clwc, a dyna ddileu'r gair "ffres". Nid yw "yma" yn angenrheidiol ; ymhle arall ? "Wyau" yn unig a adewir ar ôl, ond yr un yw'r genadwri. Mae'r sawl a wêl yr arwydd lawn mor debygol o droi i mewn i brynu, a heddiw, a'r Ddeddf Disgrifiadau Masnachol mewn grym ni fyddai modd cyhuddo'r ffermwr ychwaith, pe bai un neu ddau o'r wyau wedi gweld dyddiau gwell.

Deddf enllib yw bwgan mawr yr is-olygyddion ac yn wahanol i'r hyn a gredir gan rai pobl, nid yw'r papurau newydd na'r cyfryngau darlledu yn freintiedig yng ngolwg y gyfraith. Enllib, yn ôl y dehongliad symlaf, yw unrhyw ddatganiad am berson a wnâi'r person hwnnw'n wrthrych casineb, gwawd neu ddirmyg, a barai iddo gael ei ochel a'i osgoi gan ei gyd-ddynion neu a fyddai'n niweidiol iddo yn ei waith neu ei ddyletswyddau beunyddiol. Mae datganiad o'r fath yn enllib os caiff ei ysgrifennu, ei argraffu, neu ei gyhoeddi mewn unrhyw ffurf barhaol. Athrod, yn ôl un arbenigwr, fyddai ynganu neu ddatgan y cyfryw gydag "unrhyw ystumiau arwyddocaol." Gall enllib fod yn gamwri sifil ac yn dramgwydd troseddol. Camwri sifil yn unig yw athrod.

Gellir enllibio carfanau o bobl yn ogystal ag unigolion. Er y byddai'n ddiogel dweud fod pob cyfreithiwr yn lleidr, enllib fyddai cyhuddo holl gyfreithwyr tref arbennig o fod yn lladron. Byddai gosodiad felly'n gyfyngedig at nifer penodol o gyfreithwyr, a gellid dod ag achos o enllib yn erbyn y cyhuddwr. Po leiaf maint y dref lleiaf yn y byd fyddai nifer ei chyfreithwyr a rhwyddach felly fyddai iddynt ennill eu hachos !

Y meirw yn unig sy'n analluog i fynnu eu hawliau. Yr ochr yma i'r bedd nid oes modd bod "tuhwnt i fawl a sen," waeth beth a dybiai Cynan ! Dim ond â'r gwrthrych yn y gro y gellir, yn ddi-lestair, ei wneud yn gocyn hitio. Gellir gwawdio a dirmygu'r meirwon yn ddi-drugaredd. Ond ni ellir eu henllibio. Nid yw cyfraith gwlad ychwaith yn alluog i amddiffyn teuluoedd rhag brath unrhyw ymosodiad ar enw da anwyliaid ymadawedig. Sylweddolwyd hynny gan deulu'r diweddar David Lloyd George pan geisiwyd rhwystro'r B.B.C. rhag dangos drama deledu am rai o weithgaredd-au'r gwron hwnnw yr honnid ei bod yn gwbl gyfeiliornus.

Camargraff arall yw na all yr hyn sydd yn wir fod yn enllibus. Ond os llwyddir i brofi fod ffaith o wirionedd yn andwyol i enw da cymeriad, yna gall fod mor enllibus â'r hyn sydd gelwyddog. Dysgodd rhai newyddiadurwyr drwy brofiad fod sail i'r hen wireb mai "po fwyaf y gwir po fwyaf yr enllib !"

Yn awr ac yn y man, llwyddir i ddod ag achos llwyddiannus o enllib yn seiliedig ar y diffiniad cyfreith-iol o ystyr un gair. Unwaith, yn nechrau'r tri-degau, bu'r gair "stori" ei hun yn destun achos o'r fath. Ym-ddangosodd mewn pennawd i hanes achos yn llys Bow Street, Llundain :

Student's

legacy

story

Nid oedd gwrthwynebiad i'r hyn a ymddangosai o dan y pennawd : "story" oedd y gair tramgwydd oherwydd honnid iddo greu'r argraff i'r myfyriwr adrodd stori gelwyddog wrth yr ynad, a'i fod felly yn euog o dyngu anudon. Enillodd y myfyriwr ei achos ynghyd â chostau o ddegpunt. Ond pan aed â'r achos i Lys Apêl, newidiwyd y ddedfryd.

"Stori," yn ôl yr Arglwydd Farnwr Atkin yn y fan honno, "yw digwyddiad diddorol sy'n werth ei ail-adrodd." Fe fyddai rhoi i'r gair ystyr athrodus, meddai'r barnwr, yn amddifadu newyddiadurwyr o un o'u geiriau gorau

Os cyhoeddir enllib, a hynny ar waethaf gofal manwl yr is-olygyddion, golygydd y papur ac nid unrhyw aelod o'i staff a gaiff ei anfon i garchar. Y gred boblogaidd yw mai dyna'r rheswm fod y golygydd yn cael llawer gwell cyflog na'i weithwyr !

Cafwyd achosion yn y gorffennol o bobl yn llunio hanesion celwyddog amdanynt eu hunain a'u hanfon, dan ffugenw, i'w cyhoeddi yn y papur lleol gan obeithio sicrhau achos llwyddiannus o enllib. Ni chlywais am yr un a lwyddodd, a gellid tybio bod ffordd haws o wneud arian, a llai niweidiol hefyd i gymeriad y gwrthrych !

Mater gwahanol yw i'r gohebwyr eu hunain lunio storiau ffug, yn unig er mwyn llenwi gofod pan fo newyddion yn brin, neu i liniaru llid golygyddion di-amynedd. Y mae braidd yn gynnar ar hyn o bryd i gofnodi enghreifftiau y gwn amdanynt o brofiad personol, ond stori gellweirus sy'n werth ei hail-adrodd yw'r un am y gohebydd a leolwyd yn Lerpwl oedd a'i gyfraniadau i brif swyddfa ei bapur Llundeinig braidd yn anghyson. Awgrymwyd y câi ddigon o ddefnydd "human interest" yng nghyffiniau porthladd prysur y ddinas honno. Ar ôl lloffa'n aflwyddiannus am gyfnod, penderfynodd y gohebydd lunio stori am bâr ifanc yn ymfudo o bentref diarffordd un o siroedd Cymreig y gororau "am nad oedd gwyrthiau'r Arglwydd" yr ochr hon i Fôr Iwerydd. Llanwodd ei druth blodeuog â chyffyrddiadau dwys ac â sôn am eu gobaith am fywyd toreithiog yn "Y Byd Newydd". Daeth neges oddi wrth y golygydd ei hun i longyfarch y gohebydd am fanylion teimladwy'r stori ac i'w hysbysu y rhoddwyd cyfarwyddyd i gynrychiolydd y papur yn Efrog Newydd gyfarfod y llong ar ben ei thaith i gael argraffiadau'r pâr ifanc o'u mordaith ! Mewn braw a dychryn bu'r gohebydd yn disgwyl yn grynedig am y genadwri nesaf o'r brif swyddfa a fyddai'n ddiau yn cynnwys nodyn yn ei ddi-swyddo. Ond er mawr syndod iddo, darllenodd yn ei bapur un bore am y cyfweliad a gafodd ei gymar Americanaidd gyda'r pâr ifanc dychmygol ! Dichon ei fod yntau hefyd dan ordd ei feistr.

Yr un mor anodd, heb fentro wynebu cyhuddiad o fod yn waradwyddus, yw rhoi enghreifftiau o'r math o storiau ag ynddynt amwysedd anllad sydd yn llithro drwy ddwylo is-olygyddion o dro i dro gan roi pleser digymysg i ddarllenwyr y papurau. O leiaf, dyna'r argraff a rydd gwerthiant y rhifynnau amheus bob tro ! Fel y dywedodd Tom Richards wrth sôn am ei ddyddiau fel is-olygydd i'r *Western Mail*, "Dyna i chi un ' job ' lle mae hi'n fantais cael meddwl fel carthffos !''

Un arall o hanfodion is-olygydd yw gwybodaeth o'r teip—y llythrennau argraffu sy'n ddefnydd crai i ffurfio llinellau a phenawdau'r papur. Dyma faes eang, gydag amrywiaeth llythrennau amryfal, ond digon yma yw esbonio mai camp yr is-olygydd yw llenwi lled ei golofn. O'i mewn, rhaid iddo lunio pennawd sy'n egluro cynnwys y stori, heb ei dadlennu yn rhy fanwl. Swyddogaeth y pennawd yw ennyn digon o chwilfrydedd yn y darllenydd i'w argyhoeddi y dylai ddarllen ymlaen. Llunio penawdau yw un o oruchwylion difyrraf yr is-olygydd, ac ymdrecha'n galed i lunio rhai celfydd a chlyfar.

Yn ôl un ddamcaniaeth, rhyw, crefydd, anifeiliaid a'r frenhiniaeth, ynghyd ag elfen o ddirgelwch yw hoff bynciau'r cyhoedd ! Stori'n cyfuno'r holl hanfodion, felly, a fyddai'n ddi-feth yn ennyn diddordeb darllenwyr. Taera un is-olygydd y bydd yn ymddeol yn fodlon ar y dydd y cenfydd stori y gall roi'r pennawd yma iddi :

Sex-change bishop in mercy horseback dash to
palace !

Ar sail pennawd y cafodd Fergus Cashin, a ddaeth yn
golofnydd adnabyddus i'r *Daily Sketch* yn ddiweddarach,
ei dderbyn yn Fleet Street. Gweithio i'r *Western Mail*
wnâi Cashin pan aeth am dro i Lundain a gofyn am
brawf ar fwrdd is-olygyddion y *Daily Express*. Yn ystod y
nos derbyniodd stori am ysgolfeistr a wrthododd swydd
yng Ngorllewin Cymru am na allai'r pwyllgor addysg ei
sicrhau fod afonydd yn doreithiog o bysgod yng nghyffin-
iau'r ysgol. Y pennawd a welwyd uwchben y stori ym
nhapur y bore oedd :

No fish for Mr. Chips

Gwelwyd y berl gan Arthur Christiansen, golygydd y
Daily Express bryd hynny. Mae'n debyg mai picio nôl
i Gymru yn unig i hel ei bac er mwyn dychwelyd i
Lundain a wnaeth Cashin wedi hynny. Ond allan trwy'r
drws dan gwmwl, yn ôl y stori, yr aeth cyfaill o un o
wledydd y Gymanwlad, a fu'n is-olygydd i bapur yng
Nghymru lawer yn ddiweddarach. Mae'n ymddangos
na welai'r brawd hwn ddim byd yn nodedig mewn stori
am ŵr o Flaen Rhondda a achubodd fywyd rhywun a
syrthiodd i'r afon. Yn wir, yr oedd y cyfaill mor amheus
o werth y wybodaeth fel y cymerodd yn ganiataol fod
camgymeriad wedi ei wneud wrth drosglwyddo'r
manylion ar y teliffon i'r swyddfa. O'i ben a'i bastwn
ei hun felly, penderfynodd yr is-olygydd ychwanegu at
faint y gwrhydri, a dyma'r pennawd a ymddangosodd
uwchben y stori y bore canlynol :

Blind Rhondda hero in river rescue

Ynghyd ag ambell stori a gyfyd yr is-olygydd "o'r
fasged," bydd cais iddo lunio poster ar gyfer y byrddau

rheini a welir y tu allan i siop neu ar stondin y gwerthwr papurau. Swyddogaeth y pennawd yw codi awydd i ddarllen, ond pwrpas y poster, neu'r "bill" fel y'i gelwir, yw creu awydd i brynu, gydag awgrym cynnil fod rhyw hanesyn o bwys eithriadol yn y papur. Am hynny o bosibl, y mae geiriad poster yn bwysicach na chynnwys pennawd hyd yn oed. Eto gorchwyl a gyflawnir ar frys yw llunio poster, ac nid annisgwyl felly yw i ambell greadigaeth hanesyddol gael ei bathu yn anfwriadol o dro i dro.

IOO'S DIE

IN NEATH

FIRE

meddai poster papur hwyrol yn yr ardal honno un prynhawn ! Does ryfedd i'r naill argraffiad ar ôl y llall werthu fel tân gwyllt. Ond roedd hi'n anodd gweld unrhyw gyfeiriad at drychineb alaethus yn y papur. Byddai'n rhaid craffu cyn canfod fod y frigâd dân wedi cyrraedd yn rhy hwyr i arbed bywydau rhai cannoedd o gywion ieir ar ffcrm gyfagos !

Un o'r posteri enwocaf yw'r un a gafodd gylchrediad eang yn Ne Cymru pan suddwyd y "Lusitania" gan long danfor Almaenig ger De Iwerddon ym 1915. Roedd D. A. Thomas (Arglwydd Rhondda yn ddiweddarach) ar fwrdd y llong. Geiriad y poster oedd :

GREAT NATIONAL

DISASTER

D. A. Thomas
saved

Roedd gwrthrych y sylw wedi'i oglais gymaint gan ensyniad y poster fel y mynnodd gopi ohono wedi'i fframio, a bu hwnnw'n crogi am flynyddoedd yn neuadd y ddinas yng Nghaerdydd ! Cyn diwedd y Rhyfel Mawr, daeth D. A. Thomas yn berchen y *Western Mail*, ynghyd ag amryw byd o bapurau Cymreig eraill y cyfnod gan gynnwys tri sy'n fyw hyd heddiw, *Y Faner*, *Y Tyst* a'r *Cambrian News*.

Efallai nad oes dim o ramant gwaith y gohebydd mewn swydd is-olygydd. Rhagorfraint y gohebydd hefyd yw'r clod am gyflenwi cynnwys ei bapur. Rhoi ychydig o gnawd am yr esgyrn sychion yn unig a wna'r sawl sy'n gweithio oriau'r hwyr. Ond eto caiff yntau ambell brofiad yn wobr am aberthu bywyd cymdeithasol ac am orfod cerdded adre yn y bore bach i sŵn ei draed ei hun yn diasbedain ar balmentydd gweigion dinas.

Ar noson gynnes yn niwedd Gorffennaf 1962 gorwedd-ai Syr Winston Churchill, yn ôl pob bwletin swyddogol, ar ei wely angau. Yr oeddwn innau yn is-olygydd ' hwyr ' y *Western Mail*. Ar y llawr yn y neuadd sy'n gartref i'r gweisg "Crabtree" enfawr, roedd tudalen flaen newydd wedi ei bathu'n barod a'i hanner cylch o blwm yn disgleirio'n loyw lân. Bloeddiai'r pennawd ar draws ei chwe cholofn wrthym ni o fewn y pedwar mur, "Churchill is dead." Arswydus y pwysai'r gobaith y byddai'n rhaid gorchymyn atal y peiriannau mawrion pe bai'r hen ŵr yn gwireddu geiriau'r pennawd cyn hanner-awr-wedi-tri y bore. Wnaeth o ddim. Bu byw am dair blynedd arall. A fydd maddeuant am ddymuno ei ymadawiad cynamserol ?

Boed hynny fel y bo, a boed y peiriant yn Crabtree neu yn Goss, yn Harrild neu yn Hoe, yr un fydd y wefr o'i weld yn troi, a'r un hen angerdd fydd yn sŵn grym ei ryferthwy : yr un mor felys arogl papur cynnes, a'r un mor llawn o addewid y rholiau pum milltir o bapur glân yn disgwyl eu tro i gael eu chwydu allan i'r pedwar

ban yn bapurau cyflawn, llaith. Yr un a fydd ac a fu ;
ers dyddiau Kipling, a chynt :

Who once hath stood through the loaded hour
  Ere, roaring like a gale,
The Harrild and the Hoe devour
  Their league-long paper bale,
And has lit his pipe in the morning calm
  That follows the midnight stress—
He hath sold his heart to the old Black Art
  We call the Daily Press.

Ar ei liwt ei hun

Yn un o bapurau'r Gogledd dro'n ôl, defnyddiwyd y
gair ' rybelwr ' i ddisgrifio newyddiadurwr a weithiai ar
ei liwt ei hun. Gan fod dybryd angen gair Cymraeg
derbyniol am "free-lance," ymddangosai yn addasiad
teg o hen air sydd bron yn segur. Ond yn ei gyswllt,
bwriadwyd y gair i fod yn sen ar un newyddiadurwr yn
arbennig. Term chwarel yw "rybela" i ddisgrifio
gwaith y sawl sydd yn ennill ei fara wrth gribinio'r
tomenni llechi i godi cerrig a adawyd ar ôl gan y gwir
grefftwyr. Gyda dirywiad y diwydiant llechi hawdd
iawn y diflanna'r gair o'r iaith am byth. Cyn i hynny
ddigwydd efallai bod modd ei addasu i olygu gwaith
unrhyw un sy'n annibynnol ar ddisgyblaeth cyfundrefn a
galwadau unrhyw feistr.

Yn y cyfamser, dirmygus fyddai rhoi clust-nod
rybelwr ar y newyddiadurwr sy'n ddigon galluog i ennill
bywoliaeth lwyddiannus dan amodau go anaddawol yn
aml. Y dyn sy'n abl i weithio heb gyfarwyddyd, ac sy'n
berchen digon o hyder i beidio ymboeni'n ormodol o
ble y daw ei damaid nesaf, yn unig a ddylai fentro i fyd
y "free-lance." Ond mae natur gwaith y newyddiadurwr

yn gydnaws iawn â'r sawl a fynn roi heibio swydd barhaol ar bapur newydd neu mewn cyfundrefn ddarlledu, ac yn cynnig cyfle i un sydd am fynd ar ei liwt ei hun yn llwyr. Ei dasg wedyn fydd gwerthu storiau i'r papurau newydd a'r cwmnïau radio a theledu. Os yw'n meddu'r gynneddf, gall werthu ei lais a'i wyneb i'r cyfryngau darlledu yn ogystal. Ond bydd angen newyddiadurwr o brofiad helaeth i fod yn gwbl ffyddiog y gall ennill cystal a gwell bywoliaeth yn darganfod ei holl storiau ei hun na phe bai'n aros yn was cyflog i ryw gwmni neu'i gilydd. Mewn unrhyw adran newyddion, fe ddeuai ei gyflog yn gyson iddo mewn hindda a drycin ; byddai ganddo adnoddau cyfundrefn i droi atynt am wybodaeth neu gadarnhad o ffeithiau, a chwmnïaeth glos ei gyd-weithwyr i'w mwynhau.

Dwy ystyriaeth dyngedfennol i'r newyddiadurwr sy'n penderfynu rhoi cynnig ar waith "free-lance" yw dewis ei amser i fentro, a dewis yn ofalus yr ardal i ymsefydlu ynddi. Mae nifer o ardaloedd yng Nghymru lle ceir gormod o bobl yn pori'r un maes. Ond ceir hefyd lecynnau gwag, heb unrhyw newyddiadurwr teilwng o'r enw ar eu cyfyl. Y mae Caerdydd, yn rhyfedd iawn, yn un o'r rhai olaf, er bod Llandaf a Phontcanna, a chartref ein hunig bapur ' cenedlaethol ' o fewn ei ffiniau. Fe ddylai unrhyw newyddiadurwr sy'n Gymro Cymraeg allu ennill bywoliaeth lewyrchus ar garreg ei ddrws, fel petae.

Ond cyn dewis ei ardal, yn enwedig os yw honno'n un gymharol ddieithr iddo, buddiol i'r newyddiadurwr sy'n cael ei ddenu gan "fan gwyn man draw" fydd sylweddoli y cymer amser iddo ymgartrefu a meithrin cysylltiadau priodol. Gall wynebu cyfnod digon tlodaidd tra bo'n cael ei draed tano, ac fe dâl iddo felly sicrhau ewyllys da ei reolwr banc yn gyntaf oll ! Mae'n bwysicach i'r "free-lance" nag i'r un newyddiadurwr arall feithrin ffynonellau dibynadwy fel y gall wybod am bopeth sy'n digwydd, ac sy'n debygol o ddigwydd, o fewn ei libart. Ymhlith ei gyfeillion gorau dylai allu rhestru gwŷr y papurau cenedlaethol a'r cwmnïau radio a theledu. Byr fydd oes newyddiadurol y sawl sy'n ei chael hi'n anodd i gymysgu â phobl. Fe ddylai hefyd fod yn barod i ateb unrhyw alwad, waeth pa amser o'r dydd neu'r nos y daw hi. Mewn perthynas wedi ei seilio ar ffydd ac ymddiriedaeth, o'r ddwy ochr, y mae ffynhonell defnyddiau crai a chynhaliaeth y "free-lance." Mae'n ffydd sy'n hanfodol rhwng y newyddiadurwr a'i "gysylltiadau," ac yr un mor bwysig rhyngddo ef a'r cyfryngau.

Daw llifeiriant cyson o wybodaeth i'r ystafelloedd newyddion o bob cwr o'r wlad. Dibynna'r golygyddion ar air y cyfranwyr lleol am y storïau a ddefnyddir yn eu papurau ac ar eu rhaglenni, a hynny ran amlaf yn ddi-gwestiwn.

Cyfleu gwybodaeth yn hytrach na chyfansoddi perlau geiriol yw swyddogaeth y gohebwyr hyn, ac felly pwysicach iddynt hwy yw mynd ati'n ddyfal i chwilota yn hytrach na cheisio datblygu rhyw arddull arbennig. Gan fod y ddwy sianel ddarlledu fel rheol, a'r wasg Brydeinig i raddau, yn rhannu'r un gohebwyr lleol, mae'n anorfod mai'r un storïau, air am air, a dderbynnir gan yr adrannau newyddion. Hawdd iawn felly fyddai i olygyddion prysur benderfynu darlledu neu gyhoeddi stori a ysgrifennwyd yn dda heb newid dim arni. Byddai gan y wlad benbaladr wedyn le i gwyno mai'r un un yw John Jones a'i glocs, ys dywed pobl Sir Fôn ! Hynny yw, dim ond yn nhrefn y darllen efallai y byddai gwahaniaeth rhwng cynnwys bwletin newyddion un sianel a chynnwys y sianel arall.

Dylai "free-lance", fel pob newyddiadurwr arall, osod cywirdeb yn anad dim yn nod iddo'i hun, a dylai allu trosglwyddo ei gyfraniad yn hyglyw dros y teliffon heb roi cyfle i ddychymyg neu fympwy ambell deipyddes amharu ar y cynnwys. Lawer tro aeth ffeithiau allweddol ar goll a gwastraffwyd llawer o amser gwerthfawr yr adrannau newyddion yn ceisio dod o hyd i ohebwyr i gadarnhau ffaith amheus. Gwnaed y diniwed yn euog (wrth golli'r gair 'NOT' hollbwysig mewn hanes achos cyfreithiol) a chlywyd am blant canol-oed a hynafgwyr seithmlwydd !

Ond rhag i'r merched sy'n gweithio dan amodau anodd ym merw a dwndwr ystafell newyddion gael y bai i gyd, teg yw achwyn am ambell ohebydd lleol. Collir ystyr llawer stori mewn cymhlethdod arddull y tu hwnt i bob rheswm. Dyma ran o stori, yn union fel y daeth i law, sy'n rhoi syniad eglur o un o'r problemau y mae'n rhaid i'r golygyddion ymgodymu â hi, a'i datrys, yn feunyddiol :

"The chairman of the finance committee said that he would have preferred Caernarvonshire county council placing on their agenda tomorrow the consideration of the siting of the proposed headquarters and not just invite Anglesey and Merioneth to send represent-atives to a meeting to rubber stamp what they would have already decided at tomorrow's meeting.

"The amalgamation he said was not a take over by Caernarvonshire county council but it was decided to appoint representatives to attend such a meeting but to tell Caernarvonshire county council before tomorrow's meeting that Merioneth request them not to bind themselves to the selection of a site for the headquarters in anticipation of a joint meeting otherwise such a meeting would be no more than a request by Caernarvonshire county council for Anglesey and Merioneth to rubber stamp a decision already taken by Caernarvonshire."

Pe bai amser yn caniatau cyfle i geisio datrys y dirgelwch, dichon mai rhywbeth fel hyn a wnâi synnwyr o'r pos.

"Mae rhai o gynghorwyr Sir Feirionnydd yn ofni na fydd ganddyn nhw unrhyw lais wrth ddewis lleoliad canolfan weinyddol awdurdod newydd Gwynedd. Penderfynwyd anfon cynrychiolwyr i gyfarfod yng Nghaernarfon lle trafodir mangre addas i'r pencadlys. Ond pryderai rhai aelodau mai unig ddiben y cyfarfod fyddai ceisio sêl bendith y tair sir ar benderfyniad a wnaed eisoes gan gyngor sir Caernarfon. Gorchmynnwyd cynrychiolwyr Meirion i bwysleisio, cyn cychwyn y cyfarfod, na ddylid rhagdybio ymhle yr adeiledir y swyddfeydd."

Gohebydd papur lleol, a welai gyfle i ychwanegu at ei incwm, a ysgrifennodd y lli geiriol yna, a gohebwyr papurau lleol yw'r mwyafrif o gyfranwyr achlysurol y cyfryngau. Creadur o fath gwahanol yw "free-lance" o'r iawn-ryw. Bu'n orfodol iddo feithrin agwedd gwbl broffesiynol yn ei ffordd o drin ei gynnyrch yn ogystal â'i farchnad.

Bellach y mae'n bosibl ennill bywoliaeth drwy gyfrwng y Gymraeg yn unig. Doedd y sefyllfa hon ddim yn bod yn nechrau'r chwedegau, a hyd heddiw rhagorfraint y sawl sy'n meddu'r ddawn i ddarlledu yw hi. Yr oedd *Heddiw* eisoes yn mynd o nerth i nerth yn y chwedegau cynnar. Yna daeth *Y Dydd*, ac erbyn hyn ceir hefyd ddwy raglen gylchgrawn ddyddiol ar y radio. Tuedda'r ddwy raglen deledu i lynu wrth eu gohebwyr proffesiynol eu hunain am resymau amlwg, ond mae cyfle i'r amatur dawnus borthi'r rhaglenni radio.

Prin fod sefyllfa fel hyn yn ddelfrydol, ond yng Nghymru mae'n amheus a ellir defnyddio'r hen ddadl undebol fod rhoi gwaith i amaturiaid yn amddifadu newyddiadurwyr proffesiynol o'u bywoliaeth. Mae cyn lleied ohonynt, ac nid yw'r gohebydd mwyaf ymroddgar wedi llwyddo i fod mewn dau le gwahaol yr un pryd.

Gweinidogion, cyfreithwyr ac ambell ffermwr cefnog

sy'n ei chael hi rwyddaf i gyfuno tipyn o newyddiadura gyda'u priod swyddi. Gall unrhyw un yn wir nad yw'n atebol i gloc na meistr wneud hobi broffidiol o geisio diwallu anghenion y cyfryngau. Mae bod yn berchen ar beiriant tâp symudol yn bwysicach na meddu dawn gynhenid, ac mae'r B.B.C. yn medru diwallu'r angen hwnnw drwy fenthyg "UHER"—y mwyaf effeithiol o'r peiriannau recordio—i'w cyfranwyr cyson.

Gyda'r dirwasgiad a ddaeth i ran y Wasg yn ystod y blynyddoedd diwethaf, gorfodwyd amryw o newyddiadurwyr i droi at y radio am eu cynhaliaeth. Y trueni yw i rai o'r goreuon fethu â dod i delerau â gofynion cyfrwng gwahanol ac mae newyddiaduriaeth yng Nghymru yn dlotach o'r herwydd. Ond mae'r rhai sydd wedi llwyddo bellach yn bobl gefnog, ac yn ddiddadl gwnant fywoliaeth frasach o bell ffordd ar eu liwt eu hunain na phe baent yn sefydlog ar staff papur newydd, corfforaeth neu gwmni teledu.

Llais y Bobl

Rhyw garreg filltir rhwng y papurau newyddion a'r teledu yw'r radio, ond mae'n gyfrwng sy'n gofyn am gymwysterau arbennig iawn serch hynny. Bu'n rhaid diwallu gofynion newyddiadurol cyfrwng newydd tonfeddi'r awyr yn y tridegau cynnar gan bobl a hyfforddwyd yn y traddodiad papur newydd, a doedd hi'n ddim syndod felly fod tebygrwydd yn eu harddull ysgrifennu ar y dechrau. Ond sylweddolwyd yn fuan nad yw'r stori ysgrifenedig fwyaf coeth yn un y gellir ei darllen yn rhwydd bob amser.

I ateb gofynion y cyfrwng, ystwythwyd y cymalau, a dysgwyd fod cywasgu gwybodaeth neu ddileu rhannau ohoni yn gyfangwbl yn ddisgyblaeth hanfodol i'r

48

cyfrwng. Meistr caled yw amser, ond hyd heddiw mae'r arddull radio yn galw am fath o ysgrifennu disgrifiadol nad oes iddo le mewn teledu. Weithiau sylweddolir mai distawrwydd sy'n gweddu fel cefndir i ambell ffilm deledu wirioneddol dda, ond mae cael seibiau hir ar y radio yn anathema, ac weithiau rhaid i olygydd radio anwybyddu'r un stori'n union ag sy ar y ffilm am na olygai nemor ddim fel stori sain yn unig.

Yn ogystal â'r arddull ysgrifennu rwydd, daeth ansawdd llais y datgeinydd radio yn elfen ychwanegol i gyfleu naws ac awyrgylch. Prin y byddai llawer o bobl yn adnabod wynebau Frank Phillips neu Alvar Liddell, ond daeth eu lleisiau yn gyfystyr â gwareidd-dra ym Mhrydain yn ystod dyddiau tywyll yr Ail Ryfel Byd. Gyda'u lleisiau yr unieithwyd gwarineb a chydbwysedd teg y B.B.C. wrth ddilyn hynt a helynt y berw ar gyfandir Ewrop. Ond drwy'r cyfan, newyddiaduriaeth ac nid rhethreg oedd yn gyfrifol am y bwletinau hanesyddol y bu Phillips, Liddell a'r gweddill yn eu darllen.

Y fantais sy gan radio dros deledu yw nad oes raid i'r perfformwyr radio ymboeni i'r un graddau am eu hymddangosiad. Darfu cyfnod yr Arglwydd Reith a fynnodd, pan oedd yn bennaeth y B.B.C., fod ei holl ddarllenwyr newyddion anweledig yn gwisgo siwtiau bol deryn a thei bwa ! Gall y gohebydd radio ruthro i'r stiwdio yn syth o'i wely, heb ymolchi nac eillio os nad oes amser a heb siaced i guddio'i fresus. Ni fyddai'r un o'i wrandawyr yn ddim callach, onibai i'w lais hefyd awgrymu fod rhywbeth o'i le.

Ar y radio nad oes rhaid ymboeni ychwaith am ddysgu llinellau, neu ddefnyddio teclyn fel yr "autocue" neu'r "tele-prompter" a all dwyllo gwylwyr teledu. Gall y gohebydd radio fod mor gaeth ag y mynn i'w sgript ac mor symudol ag unrhyw greadur ar ddwy droed. Gyda pheiriant tâp ar ei gefn nid oes rhaid iddo fynd â hanner dwsin o dechnegwyr i'w ganlyn ar drywydd ei stori.

Rhaid cofio nad oes ganddo ond ei lais a'i arddull

ysgrifennu i gyfleu ei genadwri, a bod ei gynulleidfa sefydlog, a symudol, yn y dyddiau transistoraidd hyn, yn canolbwyntio llai ar ei neges na gwylwyr y teledu hyd yn oed. Nid fod hynny'n unrhyw gysur, oherwydd gan y gohebydd radio y mae'r gynulleidfa fwyaf o ddigon. Pa gyfrwng arall all hawlio sylw saith-miliwn-ar-hugain o bobl bob dydd ?

Hyd yn oed os mai cyfran fechan ohonynt a fyddai'n debyg o wrando ar raglenni Cymraeg, deil y darlledwr radio i gael sylw rhai miloedd o'i gyd-Gymry na fyddent yn breuddwydio am brynu papur neu lyfr Cymraeg, heb sôn am drafferthu eistedd i lawr a gwylio rhaglen deledu yn eu mamiaith.

"Cyhoeddi Breintiedig"

Argraff gynta'r sawl sy'n troi at deledu ar ôl cael profiad ar bapur newydd yw fod y gwaith yn llawer haws. Prin y byddai'r rhai na chafodd brofiad ar wahân i newyddiaduriaeth deledu yn derbyn y gosodiad yma. Ond os oes gan ddyn papur newydd y doniau sylfaenol sy'n angenrheidiol ar deledu, yna gellir dadlau ei fod yn osodiad teg.

Ar bapur newydd rhaid cyfiawnhau pob gair a brawddeg. Mae'r cyfan ar ddu a gwyn ac y mae cyfle i bawb ei ddarllen a'i ail-ddarllen drachefn Gall y gwaith o gasglu gwybodaeth fod yn undonog a llafurus a'r gorchwyl o ysgrifennu'r "stori" derfynol yn un lle rhaid dethol pob gair yn ofalus. Mae'r ansoddair anghywir neu'r frawddeg lanw yn amlwg i bawb mewn colofn o brint, ac ar bapur lleol yn arbennig bydd y gohebydd yn treulio dyddiau ben bwy gilydd yn ymhel â manion. Nid yw personoliaeth y dyn papur newydd, ychwaith, o unrhyw gymorth iddo i osgoi ambell ffaith y mae'n ansicr ohoni. Pan ymddengys ei gyfraniad, nid yw ond un stori ymhlith nifer, yn oeraidd, yn foel a dienw, ac wedi ei gosod, ran fynychaf, dan bennawd a luniwyd gan arall.

Ystrydeb erbyn hyn yw sôn am y teledu fel cyfrwng darfodedig. Mae'n ffaith hollol amlwg i unrhyw un a dreuliodd ennyd yn ystyried hynny. Ond ceir perlau ar deledu hefyd, a bryd hynny mae'n drueni nad oes fawr neb ag offer i recordio llun yn ogystal â llais. Ar y cyfan, fodd bynnag, cyfrwng un cynnig ydyw, a'r unig ffordd i atgynhyrchu rhaglenni cofiadwy yw eu cyhoeddi ar ffurf llyfrau. Hyd yn oed wedyn, rhaid aberthu pwyslais, goslef neu gryndod y llais, prydferthwch y darlun, saib effeithiol neu dreigl deigryn.

Ond perthyn i raglenni nodwedd y mae profiadau felly, ran fynychaf. Byd gwahanol yw un y newyddiad-urwr, a phatrwm gwahanol sydd i'r rhaglenni newyddion a gynhyrchir ganddo. Er mor fyr-hoedlog ydynt, er mor frysiog y gwaith o'u paratoi a'r dull o'u cyflwyno, rhaglenni newyddion y teledu yw'r amlygiad perffeithiaf o waith y newyddiadurwr.

Mewn araith yn Ebrill 1972, fe alwyd y teledu yn "Gyfrwng cyhoeddi breintiedig" gan Brian Young, pennaeth yr Awdurdod Teledu Annibynnol. Cyfeirio yr oedd at swyddogaeth teledu yn gyffredinol, ond y newyddiadurwr yn dod yn syth o bapur newydd a fyddai'n fwyaf tebygol o sylweddoli mor briodol oedd ei gyffelybiaeth. Wedi symud o gyfrwng sy'n bodoli mewn gofod, at gyfrwng sy'n bod mewn amser, mae'r newydd-iadurwr yn gorfod anelu ei neges at gynulleidfa anferthol nad oes gan garfanau helaeth ohoni ddim oll yn gyffredin rhyngddynt, ar wahân i'r ffaith eu bod wedi digwydd rhannu'r profiad o wylio'r un rhaglen. Nid oes na phapur newydd na chylchgrawn â'r fath gylch-rediad.

Gyda'r fath gynulleidfa enfawr, mae'n amhosibl i bob rhaglen deledu blesio pawb. Gall rhaglen a fydd

yn gyffredin ac yn ddiwerth i ysgolhaig fod yn ffyn-
honnell dadleniadau rhyfeddol i wyliwr llai deallus.
Cadw cydbwysedd, lliniaru llid gwylwyr yn y peg-
ynnau eithaf sy'n teimlo eu bod yn cael eu hanwybyddu,
a gofalu cynnig rhywbeth i bawb yw'r gamp y disgwylir
i'r teledwr ei chyflawni'n feunyddiol. I wneud hynny
mae ganddo holl adnoddau iaith a llun i drosglwyddo'i
neges.

Waeth pa mor effeithiol yw peirianwaith y wasg, nid
oes yr un papur newydd a all gystadlu â bwletin
newyddion y teledu. Hynny sy'n gyfrifol am y ffaith
fod y papurau lleol yn arbennig, a hyd yn oed y wasg
genedlaethol ers rhai blynyddoedd bellach, yn mynd
trwy gyfnod o ddirwasgiad. Pur anaml y gall papur
newydd gyflwyno i sylw'i ddarllenwyr rhyw bwnc llosg
na chafodd eisoes ei drin ar y teledu y noson gynt. Yn
wyneb yr her yma, bu'n rhaid i'r papurau ddibynnu
fwy-fwy ar roi triniaeth lawnach a manylach i newyddion
y dydd. Cylchrediad y papurau Sul yn unig, yn enwedig
y rhai sylweddol, sydd ar gynnydd. Crafu'r wyneb a
wna'r teledu. Bydd lle parhaol i bapurau'r pen-wythnos
ymhelaethu.

Rhoddodd y cyfle i allu gweld a chlywed digwyddiad
ar yr union foment wedd newydd ar newyddion ;
ffaith a amlygwyd gan gyffro teithiau cynnar yr Americ-
anwyr i'r lleuad, ac ar ei mwyaf erchyll ar ddiwrnod y
gyflafan yn chwaraeon Olympaidd Munich. Am
ddeunaw awr, bu'r byd i gyd yn gwylio'r fflat lle
carcharwyd dwsin o Iddewon gan derfysgwyr Arabaidd.
Ar ben pob awr deuai bygythiad o'r newydd y câi'r
Iddewon eu llofruddio os na ryddheid carcharorion
gwleidyddol o Israel. Gyda holl adnoddau teledol
Ewrop wedi eu canoli yn y fan a'r lle, gallai'r natur
ddynol loddesta mewn gwewyr a chael ei diwallu
mewn modd na chafodd erioed cyn hynny. Drwy'r
dydd, cadwyd miliynau o wylwyr ar bigau drain yn
aros am dynged y carcharorion. A phan ddaeth oriau'r

nos, diweddglo erchyll i'r cyfan fu gweld y fflachiadau a chlywed sŵn y gynnau yn taranu o dywyllwch maes awyr Furstenfeldbruck.

Ni fyddai cyfrolau o ddisgrifio a thrafod byth yn gallu cyfleu'r sefyllfa yn Ulster neu Vietnam fel y llwydda'r teledu. Ac yn America, i fwy graddau nag yn y wlad hon, fe beidiodd y llwyfan â bod yn rym dylanwadol wrth ymladd etholiad. Mae'r cynulleidfaoedd y gellid cynt eu disgwyl mewn cyfarfodydd etholiadol yn dyst o dranc y cyfarfodydd hynny, a'r cyhoedd, yng nghlydwch eu cartrefi, yn llawer mwy gwybodus am bynciau llosg y dydd.

Ond nid yw'r teledu yn bychanu dim ar swyddogaeth y newyddiadurwyr. Weithiau, gellir gadael i'r camera droi a dibynnu ar y llun yn unig i gyfleu'r awyrgylch, ond rhaid cael y gohebydd wrth law bob amser i lunio'r dolennau cyswllt. Ar bapur newydd, holi, llunio'i stori, a dyfynnu geiriau'r bobl allweddol ynglŷn â hi, yw cyfanswm ei gyfraniad. Ar unrhyw ffilm o gynhadledd i'r wasg, fe welir dynion y papurau newydd wrthi ar eu gorau glas yn gwneud nodiadau, ond ar ôl bod yn llygad-dyst i'r cyfweliad ar y teledu, bara wedi'i ail-bobi i wyliwr fydd unrhyw hanes a all ddeillio o'u llawfer ym mhapurau'r bore canlynol.

Mewn byr o dro daw'r gohebydd papur newydd a gaiff swydd fel gohebydd teledu yn adnabyddus ar hyd a lled y wlad. Cynt yr oedd y rhai y byddai'n eu holi yn fwy adnabyddus nag ef. Ar deledu yn aml, y gwrthwyneb sy'n wir, ond dyw'r teledwr deallus ddim yn colli'i ben. Dylai sylweddoli mai rhith yw amlygrwydd dros-dro, ac nad yw enw da'r teledwr, mwy nag enw gohebydd y wasg, ond yn gyfwerth â'r driniaeth a roes i stori ddoe.

Mae agwedd ragfarnllyd tuag at deledwyr yn lled gyffredin ymysg pobl ar ymylon y cyfrwng ac ymhlith dynion papur newydd yn arbennig ; rhyw gymysgedd ydyw o barchedig ofn ac o ffieidd-dra, a'r ffieidd-dra hwnnw yn tarddu o eiddigedd at y statws y credir sy'n dilyn ymddangos ar y sgrîn fach. Dyma'r bobl sy'n credu'n gydwybodol mai'r unig gymhwyster angenrheidiol i'r gwaith yw ' digon o wyneb,' ac y llwyddent hwy cystal os nad gwell pe caent y cyfle. Ond y deyrnged uchaf y gellir ei thalu i deledwr yw i bobl ddweud y gallent hwy wneud ei waith yn ddigon rhwydd. Os yw teledwr yn llwyddo i beri i'w berfformiadau cyson o flaen y camerau ymddangos mor hawdd â hynny, yna does ganddo fawr i'w ofni o gyfeiriad y rhai sy'n curo wrth ddrws y stiwdio.

I bwy felly yr agorir ? Yn bur anaml, fe ymddengys, i'r rhai sy'n curo galetaf. Os yw'r ffordd sy'n arwain at swydd newyddiadurol ar bapur newydd yn un simsan, gellir dweud nad oes yr un canllaw ar lwybr y sawl sy'n deisyfu swydd mewn teledu.

Nid yw'n dilyn fod cefndir newyddiadurol helaeth, hyd yn oed, yn mynd i sicrhau lle i newyddiadurwr ar raglen newyddion. Ar draul ei brofiad, cynigir swydd weithiau i gyn-athro neu weinidog, i actor di-waith deallus neu i fyfyriwr yn syth o goleg. Gallai'r sawl sydd â'r cymwysterau mwyaf addas, sef y newyddiadurwr, fod yn greadur nerfus, di-liw, heb ddim o'r fflach a'i gwna'n berfformiwr teledu.

Dyma'r un maes, yn anad unrhyw faes arall, lle nad yw gwneud cais ffurfiol am swydd yn debyg o arwain at benodiad parhaol. Nid oes cymwysterau penodol, nid oes cynnydd naturiol ym mhwysau teilyngdod, ac nid yw prawf o lwyddiant mewn arholiadau na choleg yn debyg o greu argraff ar y mwyafrif o benaethiaid rhaglenni. Y gamp yw cael 'eich-pig-i-mewn,' ond sut ar y ddaear y mae gwneud hynny ?

Y ffaith amdani yw nad yn hir, yn y Gymru sydd ohoni, y gellir cuddio dawn, neu hyd yn oed ddiddordeb gwirioneddol mewn newyddiaduriaeth, heb i rywun sy'n adnabod rhywun arall ei ddarganfod. Mae'r ymchwil am ddoniau newydd i raglenni teledu yn ymgyrch barhaus. Ond galwad deliffon ddisymwth neu lythyr annisgwyl a arweiniodd y rhan fwyaf o bobl i faes y drin. Ni wn am unrhyw newyddiadurwr teledu sydd mewn swydd am iddo wneud cais ffurfiol amdani !

Prawf o ddawn a gallu yw'r unig gymhwyster dilys yn y pen draw. Ni fyddai amynedd byr y cyhoedd yn dygymod yn hir â dim llai. Erbyn hyn, ac yn fwy-fwy gyda threigl amser, bydd bron pawb o'r newyddiadur-wyr teledu, fel y rhai ar bapurau newydd, yn cael eu dethol o blith graddedigion colegau. Mae'r cyfryngau torfol yn rhoi gwybodaeth ar amryfal bynciau i'r lleygwr cyffredin, ac felly bydd angen ehangu, lledaenu, ac ymestyn maes gwybodaeth y newyddiadurwyr hwythau.

Dylai'r teledwr sylweddoli ei gyraeddiadau a glynu at y math o waith y mae'n rhagori ynddo. Daw dau newyddiadurwr i gof a fethodd ddygymod â goruchwyl-ion ysgrifennu a golygu newyddion. Diswyddwyd un a bu dyfodol y llall yn ansicr. Aeth y naill yn ohebydd teledu ar ei liwt ei hun ; danfonwyd y llall adref i anfon adroddiadau ar ffilm o'r fan honno. Mewn byr o dro datblygodd y ddau i fod gyda'r goreuon o ohebwyr teledu Cymru. Bu'n anos argyhoeddi un arall a gyflog-wyd fel gohebydd mai yn y stiwdio o'r golwg yr oedd ei le. Ond yno, yn y man, y gwnaeth yntau gyfraniadau nodedig i'w raglen.

Tuedda rhai perfformwyr i gredu fod meistroli'r cyfrwng yn allwedd i gael derbyniad gwresog ym mhob maes o'i fewn. Ond annoeth fyddai i un a sefydlodd ei hun fel newyddiadurwr obeithio cael yr un derbyniad fel digrifwr, er enghraifft. Dylai fod yn berffaith sicr mai perthyn i faes newyddiadura y mae ei briod ddawn cyn torri'r tir newydd. Pwy allai gymryd clown o ddifrif pe bai'n ceisio lle mewn rhaglenni difrifol. Nid oes lle i hiwmor hyd yn oed mewn rhaglenni newyddion caled. Heb fod ganddo'r gallu i chwerthin mewn adfyd, byr iawn fydd arhosiad unrhyw un sy'n gorfod gweithio'n feunyddiol i reolaeth y cloc a than amgylchiadau swnllyd ystafell newyddion.

Mae tuedd reddfol ymhlith newyddiadurwyr i fod yn bobl anghrediniol sinigaidd na allant ystyried dim yn gysegredig. Gan mai personoliaeth y gohebydd teledu sydd i raddau yn cymryd lle'r pennawd ar stori bapur newydd a swyddogaeth yr erthygl olygyddol, y mae cyfiawnhad dros gadw ychydig o'r elfen amharchus mewn ambell adroddiad. Dyma ryddid gweddol ddiogel i'w ymddiried i ohebydd, gan fod amrywiaeth barn ei gydweithwyr yn debyg o'i rwystro rhag darlledu rhagfarnau eithafol. Teledwr anniddorol fyddai'r sawl nas clywid byth yn datgan barn, a rhaglen ddi-gymeriad fyddai'r un heb yr hyder i fod ar adegau yn feiddgar. Ond diflannodd yr arfer a oedd yn ffasiynol yn nyddiau cynnar y rhaglenni newyddion Cymreig o gael gohebwyr yn athronyddu wrth gloi eitemau ar ffilm. Byddaf yn gwrido weithiau wrth gofio fel y bûm innau, yn las-ohebydd, yn cloriannu cymhellion pobl llawer mwy hyddysg a phrofiadol na mi fy hun, gan wybod nad oedd modd iddynt daro'n ôl yr un mor effeithiol.

Ar wahân i'r traddodiad o ganiatau i ohebwyr ddangos gogwydd bersonol yn awr ac yn y man, prin y gall unrhyw un gyhuddo'r rhaglenni newyddion yn eu crynswth o beidio â bod yn ddiduedd, o fod yn wleidyddol bleidiol, nac o gamliwio ffeithiau. Amheuthun yw derbyn cwynion am gam-driniaeth oddi wrth bob un o'r pleidiau gwleidyddol yn eu tro. O'r holl ranbarthau teledol ym Mhrydain, Cymru yw'r mwyaf diddorol a chynhyrchiol o safbwynt newyddion. Testun eiddigedd i newyddiadurwyr mewn cwmnïau eraill yw'r oll sy'n digwydd yma.

Yn ddaearyddol, mae'n wlad fynyddig a hardd, ffaith sydd bellach yn gyfystyr â chwestiwn llosg cadwraeth. Mae'r môr a'i hamgylchna yn cynnig cyfran o storiau anturus neu arwriaethol, ac mae diddordeb cynyddol mewn cynlluniau i godi golud o'i ddyfnderoedd. Mae cyflawnder o weithfeydd trwm yn ffynhonnell i storïau am gynnwrf diwydiannol, a cheir dadlau parhaus am y rhwydwaith drafnidiol. Mae Cymru hefyd yn wlad sy'n ymgyrchu i sefydlu ei hannibyniaeth economaidd ; mae sefyllfa wleidyddol gyffrous yn bodoli, ac, i goroni'r cyfan, iaith fyw yn ymladd am ei pharhad, yn cynddeiriogi lleiafrifoedd ac yn gorfodi pawb arall i gymryd safbwynt.

Dyma lu o ystyriaethau sydd wrth fodd calon pawb sy'n ymhel â newyddion. Ar wahân i ranbarthau teledol yr Alban ac Ulster, gwasanaethu rhannau o Loegr a wna'r cwmnïau eraill i bob pwrpas, ac oherwydd hynny fe'u hystyrir yn ail ym mhopeth i ystyriaethau Llundeiniol.

Mae'n ffasiynol i ddadlau mai distadl ac eilraddol yw'r gwasanaeth teledu a gynigir i Gymru, ac y mae'r derbyniad yn dal yn warthus mewn llawer ardal. Ond anodd fyddai canfod lle i gwyno am y driniaeth a roddir i newyddion y dydd. Prin fod unrhyw beth yn digwydd yn y Gymru Gymraeg heb i ryw sylw gael ei wneud ohono, ac nid testun syndod heddiw yw gweld y camerau teledu'n weddol gyson yn y pentrefi mwyaf diarffordd.

Os byth y datblygir y gwasanaeth teledu yng Nghymru gellir disgwyl y bydd gan y rhaglenni newyddion Cymraeg, fel y rhai Prydeinig presennol, ohebwyr lelled y byd, neu rai'n barod i hedfan i derfysgleoedd ar amrant. Eisoes mae gan y rhaglenni newyddion Cymraeg fantais ar y rhai rhanbarthol a ddarlledir yn Saesneg. Gan fod yr iaith yn wahanol, dyletswydd y rhaglenni Cymraeg yw cynnwys newyddion byd-eang. Rhwng chwech a saith o'r gloch, pan ddarlledir y rhaglenni, dilynant y newyddion o Lundain, a dibwrpas fyddai i raglenni Saesneg rhanbarthol ailadrodd storïau am ferw byd-eang heb fod iddynt ogwydd lleol. Tuedda'r newyddiadurwyr Saesneg yng Nghymru i ystyried y rhaglenni Cymraeg fel rhai plwyfol, gan ddirmygu'r dewis o bynciau fel rhai cyfyng eu hapêl yn unig. Ond hwy, ac nid y Cymry, sy'n gorfod pori yn eu milltir sgwâr. Dyry'r cynfas byd-eang wedd ryngwladol i'r rhaglenni Cymraeg, a gellid dilyn stori o Fanc Siôn Cwilt gan un am y sefyllfa ddiweddaraf yn Bangla Desh.

Prinder siaradwyr a diffyg adnoddau ariannol yn unig sy'n rhwystro cynhyrchwyr y rhaglenni Cymraeg rhag cyflwyno darlun llawer ehangach o sefyllfa'r byd. Eto i gyd, cefais y cyfle i ymweld â De America, y Dwyrain Canol ac amryw o wledydd Ewrop fel gohebydd *Y Dydd* ac anfonodd *Heddiw* ohebwyr i'r Dwyrain Pell, i'r Unol Daleithiau ac i fannau pellennig eraill yn eu tro.

Un o'r pethau cyntaf sy'n denu sylw ymwelwyr â stiwdio deledu fel arfer yw'r nifer o bobl a welant o gwmpas y lle. Bydd llawer yn ei chael yn anodd i gredu mai gweithwyr ydynt, yn hytrach nag ymwelwyr fel hwythau. Mae'n argraff deg, nid o angenrheidrwydd am fod golwg segur ar lawer o'r bobl hynny (er fod y teledu yn tueddu i swcro cyfran helaeth o'r rhai a elwir o fewn y cyfrwng yn ' telephonies '), ond am mai dim ond dyrnaid o staff stiwdio deledu a welir ar raglenni. Y gwir yw fod yn rhaid wrth gannoedd o bobl i redeg stiwdio a lleiafrif bychan o'r cyfanrif sy'n staff cynhyrchu rhaglenni. Technegwyr yw'r mwyafrif llethol. Rhyngddynt hwy, staff y swyddfeydd, pobl yr adran gyfrifon, ac, mewn teledu annibynnol, pobl yr adran hysbysebion, nid oes ryfedd yn y byd fod angen cannoedd o bobl a gwerth miliynau o bunnau o offer i gynnal stiwdio deledu.

Fe dalai i'r bobl hyn sylweddoli eu bod i gyd, fel aelodau o dîm enfawr, yn ymgyrchu at un nôd,—sef trosglwyddo rhaglenni. Ond buddiannau'r perfformwyr druain sy'n cael y sylw lleiaf yn aml, er mai hwy yw'r nwyddau yn ffenest y siop, fel petae ! Fe gytunai'r mwyafrif o berfformwyr fod y syniad yn bodoli weithiau nad oes ganddynt hwy unrhyw berthynas â'r rhaglenni maent yn ymddangos arnynt. Teg yw amau a oes a wnelo'r ffaith mai yr undebau llafur y perthynant iddynt—"Equity" ac Undeb Cenedlaethol y Newyddiadurwyr, yr ' N.U.J. '—yw'r rhai lleiaf grymus o blith yr undebau sy'n rheoli'r cyfrwng.

Chwedl i'w difa unwaith ac am byth yw honno fod y bobl sy'n ymddangos ar deledu yng Nghymru yn ennill cyflogau afresymol o uchel. Cofiaf sgwrs ymhlith gohebwyr ar gychwyn rhaglen un noson pryd y sylweddolwyd mai ni—y rhai a ymddangosai arni—oedd yn ennill y cyflogau isaf o bawb a oedd â rhan yn narllediad y rhaglen, gan gynnwys y tîm o hanner dwsin neu ragor oedd â'r cyfrifoldeb am symud dodrefn a geriach y stiwdio !

O blith perfformwyr dim ond y rhai sy'n enwau byd-eang, neu sydd wedi ennill eu plwy gyda'r cwmnïau mawr Llundeiniol, sydd mewn sefyllfa i nodi swm eu tâl. Mae mwy o arian i'w ennill o deledu yng Nghymru gan y sawl sy'n ddigon ffodus i allu cyfuno dwy swydd. Gall yr athro neu'r gweinidog dawnus, os oes ganddo ddigonedd o oriau segur, ennill mewn awr neu ddwy lawer mwy na chyflog diwrnod y teledwr amser-llawn a allai fod yn darparu sgriptiau ar ei gyfer.

Cwbl wahanol yw'r math o gyflogau a delir i rai o'r technegwyr yn y busnes. Ar gyfartaledd, aelodau undeb yr A.C.T.T. (Association of Cinematograph, Television and Allied Technicians) sydd wedi ennill yr arian mwyaf mewn teledu annibynnol byth er pan sefydlwyd y cwmnïau ym Mhrydain yn y pumdegau ac y gorfodwyd y cyflogwyr i droi at y diwydiant ffilm am eu llafur. Roedd anwadalwch traddodiadol y diwydiant hwnnw wedi sicrhau cyflogau anarferol o uchel i grefftwyr a oedd yn gorfod dibynnu yn amlach na pheidio ar gyfnodau o waith ysbeidiol. Ychydig o ansicrwydd a berthyn i ddyfodol cwmnïau teledu masnachol ein cyfnod ni. Er hynny, clywir rhai o'r technegwyr yn ceisio cyfiawnhau eu cyflogau uchel drwy ddefnyddio'r hen esgus. Ond os byth y daw cyfnod o ddirwasgiad i ran y cwmnïau teledu annibynnol ym Mhrydain, yna'n sicr bydd trachwant y technegwyr wedi cyfrannu tuag ato. Flwyddyn ar ôl blwyddyn, gorfodir y cwmniau i blygu i ofynion un cais ar ôl y llall gan undeb llafur mwyaf pwerus y diwydiant.

Roedd y cytundeb a wnaed rhwng yr A.C.T.T. a'r cwmnïau ym 1972, er enghraifft, yn sicrhau i gyfarwyddwyr rhaglenni gyflog o bron ganpunt yr wythnos ac yn rhoi dros £2,000 y flwyddyn i'r merched sy'n eu cynorthwyo. Telir cyflogau anrhydeddus hefyd i weithwyr y camerau a chofnodwyr sain yr unedau ffilm. Ond yn ogystal â lleiafswm eu cyflog, mae'r mwyafrif o dechnegwyr, yn wahanol i newyddiadurwyr, yn gallu hawlio taliadau ychwanegol am weithio oriau hwy na'r cyffredin, yn union fel dynion ar lawr y ffatri. Y gwahaniaeth yw mai mewn ceir esmwyth y cânt eu hanfon o amgylch y wlad, mewn gwestai moethus yr arhosant, ac mewn bwytâi drudfawr ac nid o dun bwyd y bwytânt eu cinio. Cadw'r unedau ffilm yn ddiddig yw un o'r eitemau mwyaf costus ar daflen gyllid unrhyw raglen, ac mae ymgodymu â'u mympwyon yn achos cur-pen beunyddiol i ohebwyr !

Ar noson etholiad, dyweder, lle mae'n ofynnol i uned weithio drwy'r nos dan gyfarwyddyd gohebydd gall aelodau'r uned ffilm gael eu talu gymaint â chanpunt yr un, a hynny am un noson, neu ran fynychaf, ran o un noson o waith ! Nid yw'n arferol i'r gohebydd, ar y llaw arall, dderbyn ceiniog yn fwy na'i gostau arferol am y llafur o drefnu popeth, yn ogystal â holi a chasglu gwybodaeth.

Nid yw'n anodd dyfalu beth yw effaith sefyllfa fel hyn ar safonau, ac hyd yn oed ar barhad y rhaglenni Cymraeg. Eisoes fe'u gorfodir i anwybyddu eitemau am na ellir cyfiawnhau'r gost o'u ffilmio. Ymddengys nad breuddwydion rhamantwyr sydd yn mynd i sicrhau lle teilwng i'r iaith ar donfeddi darlledu'r dyfodol, ond ymgysegriad cyfrifwyr hirben a fydd yn poeni mwy am gyflwr y fantolen nag am ystyriaethau diwylliannol.

Am ryw reswm nid yw'r newyddiadurwyr erioed wedi llwyddo i feithrin yr agwedd meddwl sy'n angenrheidiol i fod yn undebwyr llafur llwyddiannus. Bodola'r gred o hyd mai'r newyddion ddaw gynta. Cael y stori sydd yn bwysig,—nid y gydnabyddiaeth am ei throsglwyddo. Mae llawer i hen sgriblwr yn llwyr argyhoeddedig mai galwedigaeth ac nid gyrfa yw newyddiaduriaeth. Yn raddol y deuir i sylweddoli mai arfau aneffeithiol yw sêl a theyrngarwch o'u cymharu â grym niferoedd a bygythiadau bytheiriol i atal llafur neu raglenni rhag cael eu darlledu.

Sonnir weithiau fod y ' clod ' a ddaw yn sgîl swydd sy'n golygu ymddangos ar raglen yn gwneud iawn am unrhyw ddiffyg yn y gydnabyddiaeth ariannol. Clywyd defnyddio'r ddadl mewn trafodaethau ar gyflogau, "fod urddas eich swydd yn werth rhai cannoedd." Ond swydd fel pob swydd arall yw ymddangos ar deledu wedi'r cyfan, nid ffordd o fyw. Prin y byddai ymfalchio mewn hyn a hyn o ymddangosiadau ar raglenni yn debyg o greu rhyw lawer o argraff ar reolwr y banc !

Yn y pen draw, mae bywoliaeth y newyddiadurwyr, y technegwyr a phawb arall sy'n gweithio i deledu yn dibynnu ar fympwy'r creadur mwyaf anwadal sy'n bod —y gwyliwr cyffredin. Teclyn sy'n tresmasu ar fywydau preifat yw'r set deledu, ac mae pawb sydd â set yn berchen hefyd ar yr arf grymusaf oll—y botwm bach sy'n gallu dileu'r cyfan o'u golwg ar amrant. Camp y teledwr yw atal eu llaw trwy ddal eu diddordeb. Anelu at ddiddanu yw ei nod, waeth beth fo'i gyfraniad. Tra pery'r set yn olau mae gobaith ei fod yn llwyddo i wneud hynny.

*   *   *   *

Ynghlwm wrth chwilfrydedd naturiol pobl am deledu, ac am swyddogaeth y gwahanol rai sy'n ymwneud â'r cyfrwng, fe geir bod yna anwybodaeth dybryd ynglŷn â'r modd y paratoir ac y cyflwynir rhaglenni. Yn fwy arwyddocaol, adlewyrchir yr anwybodaeth yma yn sylwadau colofnwyr y wasg sy'n eu galw'u hunain yn ' feirniaid teledu '—colofnwyr a fu'n tueddu, cyn dyfod Islwyn Ffowc Elis i'w plith, i guddio y tu ôl i ffugenwau ym mhapurau Cymraeg Cymru. I'r bobl hyn, ac i unrhyw un sy'n malio sut y darperir ei ddogn newyddion dyddiol y cynigiaf yr wyth bennod a ganlyn ar swydd-ogaeth gwahanol aelodau tîm newyddion.

Y Dydd, yn bennaf, yw'r rhaglen a roddodd i mi fy mhrofiad. Mae'n anochel felly mai *Y Dydd* sy'n gefndir i'r patrwm o raglen newyddion a amlinellir yma. Ar yr un pryd, hoffwn egluro mai fy syniadau a'm hargraffiadau fy hun a gynhwysir yn y penodau am deledu. Nid yw fy agwedd na'm barn, mewn unrhyw ddull na modd, yn adlewyrchu agwedd, barn na pholisi y cwmni a'm cyfloga.

"A Fo Ben . . ."

Mae elfen gref yng nghymeriad y newyddiadurwr sy'n tueddu i adweithio yn erbyn y math o awdurdod a gysylltir â gweinyddiaeth. Nid pawb, felly, a all ym-gymryd â'r ddisgyblaeth sy'n angenrheidiol i fod yn gynhyrchydd da. Pan fo newyddiadurwr yn derbyn y cyfrifoldeb o fod yn gyfrifol nid yn unig am raglen, ond hefyd am yr amryw bersonau sy'n rhoi'r rhaglen wrth ei gilydd, fe fydd yn canfod yn aml mai ychydig o'i ddyletswyddau sy'n ymwneud yn uniongyrchol â chyflwyno newyddion. Yn ei swydd newydd, bydd yn feistr ac yn gynghorwr, a'i brif oruchwyliaeth fydd annog ac arwain ei weithwyr. Fel rheol, gall ddibynnu ar gydweithrediad ei dîm o newyddiadurwyr ; ar y cyfan, maent wedi hen arfer â gweithio'u gorau glas mewn amgylchedd o brysurdeb eithriadol. Ond y mae yr un mor hanfodol i gynhyrchydd feithrin ewyllys da y llu technegwyr a fydd yn gyfrifol am drosglwyddo'i raglenni. Mae teyrngarwch y cyfan ohonynt yn hanfodol i'r cynhyrchydd ; heb ymddiriedaeth a pharch o'r ddwy ochr ni fyddai fawr o obaith creu uned effeithiol.

Mae cyfran o'r bobl sy dan awdurdod y cynhyrchydd eu hunain yn bersonoliaethau adnabyddus, ac weithiau yn llawer mwy adnabyddus na'r cynhyrchydd ei hun. Dylai pob pennaeth ganiatau rhaff go helaeth i bob un ohonynt. Yn anochel, bydd gohebydd weithiau'n tramgwyddo unigolion, mudiadau a chymdeithasau. Ar adegau felly, dylai'r perfformiwr allu dibynnu'n ddigwestiwn ar gefnogaeth ei arweinydd. Bron yn ddieithriad, fe'i rhoddir. Gŵyr y cynhyrchydd mai ei gyfrifoldeb ef yn y pen draw yw pob gair a yngenir ar ei raglenni. Prin felly, y gall ddisgwyl i'w benaethiaid gydymdeimlo â chŵyn y bu ef ei hun yn rhannol gyfrifol amdani !

Yn ei gyfarwyddiadur, *The Work of the Television Journalist* sonia Robert Tyrrell am anian y teledwyr ac am berthynas y cynhyrchydd newyddion â'i staff :

"Ychydig o bobl hydrin a dof a ddenir i fyd teledu. I'r gwrthwyneb, tueddant i fod yn anwadal, yn gecrus ac yn anystywallt. O ystyried fod y cyfrwng yn pwysleisio'r ffaeleddau hyn, mae'n syndod cymaint ohonynt sy'n bobl hoffus a chartrefol ar adegau, ac yn weithwyr dyfal y gellir dibynnu arnynt. At ei gilydd, tudda'r newyddiadurwyr i fod yn bobl sy'n fwy parod i gymryd eu harwain nag i gael eu gwthio, gan brifio dan bwysau cyfrifoldeb. O'r herwydd, byddai'n well i gynhyrchydd annog ei ohedydd, a'i ddwyn i gyfrif os oes angen, yn hytrach na'i gyfarwyddo'n fanwl. Ond dylai'r cynhyrchydd fod yn barod i dderbyn y cyfrifoldeb terfynol ei hun. Ef, wedi'r cwbl, a ddewisodd ei ddynion."

Mae'n arferol i gynhyrchydd newyddion ganiatau i'w ohebwyr baratoi eu hadroddiadau heb nemor ddim trafod ar eu cynnwys, cyn belled â bo'r pynciau yn gydnaws â natur ei raglen. Dylai pob aelod o'r tîm fod yn ddigon profiadol i dderbyn cymaint â hynny o gyfrifoldeb. Er hyn, byddai'n ddoeth i gynhyrchydd gadw'i lygad ar agor am gastiau ambell ohebydd deheuig. Cyn gynted ag y sylweddolir pa mor hoff o gyhoeddusrwydd yw cwmnïau masnachol buan y dysg newyddiadurwyr sut i elwa o'r rhyddid a ganieteir i drefnu eitemau! Prin fod angen llawer o ddychymyg i argyhoeddi cwmni teithio neu fwrdd croeso, er enghraifft, y byddai gwneud rhaglen mewn gwlad bell, hudolus yn denu cwsmeriaid i heidio yno yn un lleng.

Aeth un gohebydd ati yng ngwrth-gefn ei gynhyrchydd i drefnu taith o'r fath i Awstralia. Roedd y paratoadau wedi eu cwblhau cyn iddo gyflwyno'i gynllun i'w bennaeth i gael sêl a bendith hwnnw. Yn ogystal ag absenoldeb y gohebydd, a ddylai fod wrth law yn barod i gael ei anfon ar hyd a lled Cymru, fe olygai'r daith hefyd ddiflaniad uned ffilm gyfan am dair wythnos. Nid ar chwarae bach y gall cynhyrchydd ystyried talu cyflogau a chostau technegwyr sy'n hoff o'r bywyd bras ym mhellafoedd byd. Bu cryn wrido cyn y llwyddwyd i dorri'r cytundeb hwnnw. Ond cerydd yn unig a gafodd y gohebydd, yn ogystal ag edmygedd ei gydweithwyr am fisoedd lawer am ddyfeisio cynllun mor uchelgeisiol!

Cyfrinach un cynhyrchydd er mwyn sicrhau'r gorau gan ei dîm oedd creu ansicrwydd yn eu calonnau: ansicrwydd ynglŷn â'r derbyniad a gâi eu cyfraniadau, ac ansicrwydd mwy sylfaenol ynglŷn â pharhâd eu swydd. Prin fod hynny'n anodd iawn gan mai gweithio ar gytundeb ac nid ar staff y cwmnïau y mae cyfran helaeth o berfformwyr teledu. Dadl y cwmnïau yw ei bod yn haws cael gwared â'r wyneb nad yw yn aelod o'u staff sefydlog. Anghofir, fe ymddengys, nad oes angen rhoi mwy na mis o rybudd i aelod o'r staff, tra byddai'n rhaid anrhydeddu cytundeb yn llawn—hyd yn oed pe bai blwyddyn neu ragor ohono'n weddill.

Dichon fod angen math arbennig o gymeriad i dderbyn swydd a'i hir-barhâd wedi'i seilio ar anwadalwch cytundeb y gellid ei ddirwyn i ben bob rhyw flwyddyn neu ddwy. Does ryfedd felly fod y teledu yn cynnig lloches i lawer un a'i cafodd yn anodd i ymsefydlu mewn meysydd mwy hamddenol a llai anturus. Casgliad o bobl digon amrywiol yn aml a gaiff cynhyrchydd i'w harwain,—rhai ohonynt, efallai, wedi dilyn y llwybr traddodiadol o newyddiaduriaeth bapur newydd, ambell un wedi cael y gadair academaidd yn un anesmwyth, ac eraill o bosibl, wedi cael dihangfa mewn teledu o fywyd eglwysig a difaterwch praidd.

Yn ogystal ag amrywiaeth cefndir ceir pegynnau barn hefyd ymhlith newyddiadurwyr teledu, ac mae'n bryd dileu'r argraff honno bod y rhaglenni Cymraeg yn cael eu llunio a'u rheoli gan nythaid o genedlaetholwyr eithafol. I'r anneallus, mae'n debyg fod y gred hon ymhlyg yn y ffaith syml mai Cymraeg yw iaith y rhaglenni. Yn y pegwn arall, mae cred fod unrhyw un sy'n ymuno â chwmni darlledu yn 'fradwr'—yn greadur wedi gwerthu ei enaid am arian mawr i gyfundrefn sydd wedi ei thynghedu i gynnal y 'status-quo.' Yr ateb hunan-gyfiawn i'r cyhuddiad hwnnw yw fod pob teledwr Cymraeg yn cyfrannu rhyw gymaint at barhâd ei iaith, waeth pa gymhellion eraill a all fod yn ei symbylu.

Yn un o bapurau Lloegr un tro fe gynhwyswyd holiadur i'r darllenwyr gael rhoi prawf ar eu tueddiadau gwleidyddol eu hunain. Roedd tîm *Y Dydd* bryd hynny yn amrywio o Gomiwnyddion eithafol, rhai cymhedrol eu barn ar y chwith a'r dde, hyd at Ffasgwyr rhonc yn y pegwn arall ! Yr unig beth yn gyffredin rhyngom oedd mai Cymry oeddem i gyd. Byddai gan unrhyw gynhyrchydd newyddion le i ymfalchio yn y fath gydbwysedd. Yr hyn y dylai ei ofni yw bod yn arweinydd tîm o bobl a gymerai eu meithrin a'u plygu yn ddi-gwestiwn. Mae gwrthryfelwyr yn hynod o werthfawr mewn unrhyw gyfundrefn,—yn arbennig felly mewn adran newyddion.

Dyletswydd cynhyrchydd yw synhwyro beth a all fod yn newyddion ymhen cyfnod o amser a rhoi cyfar-wyddyd i ohebydd efallai i baratoi adroddiadau ymlaen llaw os bydd hynny'n ymarferol. Fel hyn y paratoir marwnadau a gwerthfawrogiadau pan glywir fod rhai o ' fawrion y genedl ' ar eu gwely angau. Efallai fod hyn yn anystyriol, ond mae'r arferiad yn un cyffredin ym mhob cyfrwng newyddiadurol. Dyma elfen a ddylai berthyn i gynhyrchydd da : yr agwedd hollol ymarferol i wneud penderfyniadau yn oer a di-deimlad os bydd angen. Yr eironi yw fod angen i'r cynhyrchydd fod yn ddyn teimladwy ar yr un pryd. Nid yw pob stori a ddaw i law yn ennill ei lle yn y rhaglenni. Weithiau bydd yn rhaid ystyried teimladau pobl, a dileu ambell ffaith a allai beri loes o'i chlywed yn cael ei dadlennu'n gy-hoeddus.

Rhan o waith gweinyddol y cynhyrchydd yw pender-fynu sut i ddosbarthu'r arian a neilltuir ar gyfer ei raglenni,—y gyllideb wythnosol neu fisol y mae'n rhaid cadw ati i drwch y blewyn, ac sy'n faen tramgwydd parhaus. Ar y cyfan, mae'n llawer rhatach cynhyrchu rhaglenni stiwdio na rhaglenni ar ffilm. O'r herwydd, os defnyddir yr unedau ffilm yn ddi-drugaredd un wythnos, anelir at gael mwy o siaradwyr i'r stiwdio yr wythnos ganlynol. Anwadalwch newyddion sy'n gwneud cyd-bwysedd o'r math hwn yn fwy anodd wrth baratoi rhaglenni newyddion na rhaglenni eraill.

Gellir dadlau ei bod yn fanteisiol i gynhyrchydd beidio â bod yn berfformiwr teledu ei hun. Mae hyn yn

ei alluogi i feirniadu ymdrechion pobl eraill yn ddi-
duedd. Ond yn ddiddadl mae'n fanteisiol iddo fod wedi'i
drwytho yn hanfodion ochr dechnegol y busnes. Heb
wybodaeth elfennol o natur electroneg y cyfrwng,
byddai'n rhaid i'r cynhyrchydd di-brofiad dderbyn gair
y technegwyr yn ddi-gwestiwn ynglŷn â'r hyn sy'n
bosibl neu'n amhosibl gydag adnoddau stiwdio. Byddai'r
cynhyrchydd â chanddo brofiad cyfarwyddo yn gallu
dadlau o brofiad pe mynnai rhywun ' ar y llawr ' fod
symudiad camera yn amhosibl mewn hyn a hyn o
amser, neu fod lliw neu batrwm dilledyn yn annerbyniol
i'r camerau. Dim ond o fod wedi gweithio allan gydag
unedau ffilm y gall y cynhyrchydd, a raddiodd i'w uchel
swydd o blith newyddiadurwyr cyffredin, deimlo ei
hun ar dir gweddol ddiogel i fynnu'i hawliau. Yn
fynych, gwelir fod cyw-gohebydd sy'n gweithio'n gyson
gyda'r unedau ffilm yn gwybod llawer mwy am yr
agwedd hon ar deledu nag ambell gyfarwyddwr a
gadwyd yn gaeth i raglenni stiwdio.

Yna, mae agwedd gymdeithasol i waith y cyn-
hyrchydd. Ef yw cynrychiolydd swyddogol ei gwmni
ym mhob dim sy'n ymwneud â newyddion. Gallai
unrhyw gynhyrchydd neu bennaeth newyddion gael
cinio neu ddau yn rhad ac am ddim bob dydd o'r
flwyddyn pe bai ganddo'r amser neu'r awydd i wneud
hynny ! Meithrin perthynas dda rhwng ei adran a'r
cyhoedd yw ei ddyletswydd, gan fod cam-ddealltwriaeth
dybryd yn codi weithiau.

Ni ellir gor-bwysleisio'r berthynas rhwng y cyn-
hyrchydd a gwylwyr ei raglenni, a'i ymwneud â phrob-
lemau technegol. Weithiau, bydd canfod pam yr aeth
ffilm ar goll, pam y torrodd ffilm yn ystod rhaglen y
noson cynt, pam y methodd uned ffilm â chyrraedd
rhyw fan anhygyrch mewn pryd, neu pam yr hawliodd
un o'i staff ddegpunt o'i gostau am ddiod feddwol, lawn
mor bwysig i gynhyrchydd â chynnwys ei raglen.

Ond o dro i dro, digwydd y stori fawr : y stori sy'n

teilyngu newid cyfangwbl ym mhatrwm rhaglen yn hwyr ar y dydd. Ar yr adegau hynny yr amlygir gallu'r cynhyrchydd, ac y rhoddir y prawf eithaf ar ei ymdeimlad â newyddion. Ef yn anad neb a ddylai fod â'r gallu i synhwyro'r ffin rhwng y pwysig a'r dibwys, rhwng y perthnasol a'r amherthnasol a rhwng y gau a'r gwir.

Enw'r cyflwynydd sydd gyfystyr ag enw'r rhaglen i'r gwylwyr, ond enw'r cynhyrchydd sy'n teilyngu'r clod neu'r anfri am ei chynnwys ym marn penaethiaid y cwmnïau.

Crefft ai Celfyddyd ?

Os mai ar ysgwyddau'r cynhyrchydd y gorffwys gofalon pennaeth, cyfarwyddwr y rhaglen yw'r bont rhyngddo ef a'i dîm o newyddiadurwyr a'r amryfal dechnegwyr sy'n gyfrifol am ddarllediad y rhaglen. Cyfrifoldeb uniongyrchol am beirianwaith darllediad y rhaglen sydd gan gyfarwyddwr. O'i oriel wrth ochr neu uwchlaw'r stiwdio, bydd yn rheoli symudiad y camerau, yn penderfynu pryd y dylid rhedeg ffilm neu dâp recordio, ac yn rhoi gorchmynion i reolwr-llawr y stiwdio sydd, yn ei dro, yn rhoi cyfarwyddiadau i'r bobl sy'n ym ddangos ar raglenni. Perthyn y dechneg o gyfarwyddo yn nes at amryfal swyddi technegol teledu nag at waith newyddiadurol. Serch hynny, prin y byddai'r gyfrol hon yn gyflawn heb ychydig eiriau am swydd y cyfarwyddwr.

Yr un yw gwaith cyfarwyddwr mewn teledu annibynnol a chynorthwywr cynhyrchu o fewn y B.B.C., ac y mae i'r ddau ei ysgrifenyddes deledu i'w gynorthwyo yn ei waith. Cyfyd yr un cymhlethdod gyda'r gwahaniaeth rhwng statws cynhyrchydd a golygydd rhaglenni newyddion. O fewn teledu annibynnol, statws cynhyrchydd sydd gan y sawl a gydnabyddir yn bennaeth yr adran newyddion. Gweithio dan ei gyfarwyddyd a wna golygydd y rhaglen. Yn y B.B.C., ar y llaw arall, mae swyddogaeth y golygydd uwchlaw'r cynhyrchydd.

Ond gan bwy bynnag y mae'r flaenoriaeth, daw'r cyfarwyddwr yn uchel yn yr offeiriadaeth—yn ddolen holl-bwysig yn y gadwyn o bobl sy'n gyfrifol am baratoi rhaglenni. Ganddo ef y mae'r cyfrifoldeb terfynol am gynnwys gweladwy'r rhaglen. Gofal a thrylwyredd cyfarwyddwr da sy'n rhoi sglein ar y cynnwys. Ond weithiau, tuedda cyfarwyddwyr i gymryd eu hunain ormod o ddifrif, ac ar raglenni newyddion fe gyfyd gwrthdaro'n aml rhwng y newyddiadurwyr a hwy. Anian y gohebwyr yw credu mai'r stori yn unig sy'n bwysig, gan anghofio weithiau mai cyfrwng gweladwy yw'r teledu ac y dylid manteisio ar bob cyfle posibl i ddarlunio ffeithiau.

Ar yr un pryd, mae rhai cyfarwyddwyr yn or-hoff o swcro'r gred fod dirgelion, cyfriniol bron, ynghlwm â'u dyletswyddau ! Tybiant mai'r tu ôl i ddrws yr oriel gyfarwyddo a'r golau coch uwch ei ben y mae'r cysegrsancteiddiolaf ; credant yr arferir crefft yno sy'n teilyngu'r parch a ddangosir at y celfyddydau cain. Gyda pheth dirmyg yr ystyrir rhaglenni newyddion gan gyfarwyddwyr sy'n meddu'r meddylfryd hwnnw. Awgrymir nad yw newyddion yn haeddu'r driniaeth a roddir i ddramau neu raglenni dogfen uchelgeisiol, ac y gwna cyfarwyddo blêr y tro. Dadleuir fod hynny'n gydnaws ag ymdriniaeth ' ffwrdd-â-hi,' y rhaglenni newyddion o bynciau'r dydd.

Ond i fod yn deg, amgylchiadau y tu hwnt i reolaeth y cyfarwyddwr gorau sy'n gyfrifol am raglenni blêr, ran fynychaf. Ffawd, neu ddifaterwch mân-dechnegwyr, sy'n achosi'r helyntion a ddigwydd i'r rhaglenni mwyaf caboledig, yn achlysurol. Ac ar yr adegau hynny, y cyfarwyddwr, yn llewys ei grys, fydd yn chwysu fwyaf.

Y tu ôl i'r llenni, bydd yn ymdrechu i gael pethau'n ôl i drefn cyn gynted ag sydd bosibl, gyda'r ffôn yn un llaw er mwyn bytheirio ar gyflwynydd y rhaglen sut y dylai ymateb, neu pa eglurhad a ddylid ei roi i'r gwylwyr.

O flaen y cyfarwyddwr yn yr oriel reoli, mae rhengoedd o setiau teledu, y cyfan yn olau. Bydd rhyw hanner dwsin ohonynt yn dangos yr hyn a wêl cynifer o gamerau ar lawr y stiwdio. Bydd eraill yn dangos a yw ffilmiau wedi eu gosod ar y taflunwyr priodol yn barod i'w rhedeg yng nghwrs y rhaglen. Camp y cyfarwyddwr, wrth lygadrythu ar yr amrywiol arwyddion o'i flaen, yw amgyffred ar amrant yr hyn sy'n ymarferol bosibl gyda'i adnoddau. Fodfeddi o'i enau, mae meicroffon sy'n ei gysylltu â phobl mewn rhannau eraill o'r stiwdio. Mewn un adran, bydd tapiau llydain ag arnynt recordiau teledu i'w chwarae i'r rhaglen ar orchymyn y cyfarwyddwr. Bydd technegwyr yr adran sain, hwythau, yn barod i redeg tapiau neu ddisgiau, fel bo'r angen. Yn y stiwdio ei hun, bydd mwy o bobl, dan arweiniad rheolwr-llawr y stiwdio, wedi dosbarthu tomenni o luniau neu fapiau y bydd yn rhaid eu dangos, yn eu trefn bridol, yng nghwrs y rhaglen. Yn yr oriel gyda'r cyfarwyddwr, ac yn eistedd wrth ei ochr y tu ôl i'r ddesg a'i thrafflith o fotymau a mân-oleuadau, bydd y ferch sy'n gyfrifol am amseru'r rhaglen i'r eiliad. Yr ochr arall i'r cyfarwyddwr, eistedd y gŵr neu'r wraig sy'n pwyso'r botymau priodol pan orchmynna'r cyfarwyddwr ei fod am symud o un camera at un arall neu ddangos ffilm.

'Does ryfedd mai diffyg-treuliad yw anhwylder mwyaf cyffredin y cyfarwyddwr, ac fe fyddai'r mwyafrif o newyddiadurwyr teledu yn barod i gydnabod eu dyled i'r bobl sy'n rhoi'r cyflwyniad gorau i'w hadroddiadau. Ar yr un pryd, teimlir mai yn y stiwdio y mae lle'r cyfarwyddwr. Tuedda'r gohebwyr i ddifrïo ei gyfraniad ar yr achlysuron prin hynny pan â'r cyfarwyddwr allan ' i'r maes ' gyda gohebydd ac uned ffilm ar drywydd stori newyddion. Brys yw'r rheidrwydd pennaf ar yr adegau hynny, ac os yw gormod o gogyddion yn difetha'r cawl, dyna hefyd a ddigwydd i stori ffilm syml os bydd gormod o bobl yn ymhel â'r gwaith o'i chofnodi.

Mae holl hyfforddiant y cyfarwyddwr wedi ei addysgu i ymgyrchu at berffeithrwydd parhaus. Cyfleu gwybodaeth yw blaenoriaeth y newyddiadurwr. Gallai fod yn hanfodol i ffilm newyddion ddangos gorymdaith yn dod i'r golwg, llong yn gadael y cei, neu awyren yn codi i 'hedeg. Ond ar yr union eiliadau tyngedfennol hynny, yn aml, y bydd yr haul yn diflannu y tu ôl i gwmwl, neu gawod law yn arllwys gan bylu golau dydd. Anian ambell gyfarwyddwr, bryd hynny, fyddai atal y camerau gan obeithio y deuai cyfle arall i ffilmio mewn amgylchiadau mwy ffafriol. Hynny fyddai ei ddyletswydd, pe bai cysondeb safon rhaglen ddogfen bwysig, neu ddrama'n costio miloedd o bunnau, yn y fantol. Ar raglenni felly, swydd y cyfarwyddwr yw'r un bwysicaf. Ym myd y ffilmiau, yn ddi-ddadl, ei air ef sydd ddeddf. Dyna pam y caiff gadair a'i enw wedi ei baentio mewn llythrennau breision ar ei chefn !

Ond ym myd newyddion, y newyddiadurwr sydd ben a'i air ef ddylai bennu cynnwys a phatrwm. Gohebydd, un dyn camera ac un cofnodydd sain yw'r tîm delfrydol i ymdrin â stori ar gyfer rhaglen newyddion ddyddiol, ac o fewn y cwmniau annibynnol, dyna yw'r rheol yn hytrach na'r eithriad.

Dau gymhwyster go anghydnaws â'i gilydd yw hanfodion pennaf gwaith cyfarwyddwr. Mae angen gwybodaeth eang am gymlethdodau technegol y cyfrwng teledol ar y naill law, ac ymdeimlad yr artist am ddelweddau estheteg ar y llall. Cyfuner â hynny nerfau cadarn, a'r gallu i weithio'n gyflym eithriadol mewn prysurdeb dirdynnol, a dyna syniad o'r math o gymwysterau sy'n angenrheidiol. Gan mor unigryw y gofynion, prin fod unrhyw swydd arall, o fewn neu'r tu allan i gylchoedd teledu, yn baratoad delfrydol ar gyfer y gwaith o gyfarwyddo rhaglenni. Wrth ei hymarfer yn unig y gellir dysgu'r grefft ac oherwydd hynny mae'r gystadleuaeth am swyddi cyfarwyddo yn hollol agored. Cyflogir y mwyafrif yn syth o'r colegau, ac wedi cwrs o hyfforddiant gall y newyddian ennill ei blwy, a chyflog anrhydeddus, ymhlith y goreuon.

Didoli a Dethol

Ar derfyn dydd y daw uchafbwynt prysurdeb y rhaglenni newyddion. Ysgafnhau a wna'r galwadau ar weithwyr 'naw tan bump' erbyn diwedd y prynhawn a phrin fod yna'r un maes lle na rennir baich y gwaith yn weddol gyfartal. Ond pan fydd pobl mewn swyddi mwy hamddenol yn cadw noswyl, bryd hynny y mae trefnwyr y rhaglenni newyddion yn gweithio galetaf. Ran fynychaf, munudau hamddenol hyd yn oed yw'r rhai a dreulir o flaen y camerau o'u cymharu â berw'r ystafell newyddion ychydig funudau cyn amser darlledu.

Y mae baich y prysurdeb mwyaf yn disgyn ar ysgwyddau golygydd y rhaglen. Gan y cynhyrchydd y mae'r gair olaf ynglŷn â chynnwys a pholisi, ond y golygydd sy'n didoli a dethol, yn trefnu rhediad y rhaglen ac yn dewis i ble i anfon y camerau. Ef, neu hi, sy'n gyfrifol am y bwletin newyddion a fydd yn asgwrn cefn i'r rhaglen, am ysgrifennu peth ohono ac am ddewis lluniau, mapiau a diagramau ar ei gyfer. Y golygydd hefyd sy'n gyfrifol am olygu'r eitemau ffilm a anfonir i'r stiwdio bob dydd gan ohebwyr mewn gwahanol rannau o'r wlad.

Mae'n amlwg mai hollalluog ac anfeidrol fyddai'r unben hwnnw a allai gyflawni'r holl oruchwylion ar ei ben ei hun, gan lwyddo i wneud hynny'n ddidragwydd ddydd ar ôl dydd drwy gydol y flwyddyn. Yn cynorthwyo'r golygydd, felly, ac yn rhannu'r baich ag ef, mae dau neu dri is-olygydd, neu ymchwilwyr fel yr arferid eu galw. Mewn teledu annibynnol yn arbennig, ceisir sicrhau bod pob aelod o'r tîm yn alluog i wneud gwaith pawb arall, hyd yn oed i wynebu'r camerâu pe bai galw am hynny.

O leiaf, dyma fyddai'r sefyllfa ddelfrydol. Ond mae carfan arall o blaid penodi pobl ar y ddealltwriaeth na ofynnir iddynt fyth ymddangos ar y sgrîn. Sail y ddadl yw y gellir disgwyl gwell cyfraniad y tu ôl i'r llenni gan berson a fydd yn barod i lafurio'n dawel a diflino heb uchelgais i fod yn geffyl blaen. Amlygir gwendid yr egwyddor ar adeg o argyfwng. Ar ddydd o brysur bwyso, pe na bai'r gohebydd cyson wrth law, ni fyddai dihangfa hyd yn oed i'r mwyaf diymhongar rhag ymddangos ar y sgrîn. Byddai disgwyl iddo anwybyddu protest taer ei nerfau brau a rhoi ei raglen o flaen ei ofnau. Bedydd tân fyddai ymddangos dan y fath amgylchiadau i'r sawl a fu'n disgwyl ei gyfle'n amyneddgar ers tro byd, ond gallai fod yn brofiad dirdynnol i'r mwyaf swil o staff y swyddfa.

Mae'r fath beth wedi digwydd. Ar ôl cael ei ddychryn wrth gyflwyno'i raglen gyntaf ar deledu aeth un o newyddiadurwyr mwyaf gwylaidd ein cyfnod i olygu newyddion i'r B.B.C. Yn fuan wedi cyrraedd yno, ac yntau'r prynhawn hwnnw wedi bod yn paratoi'r newyddion Saesneg, aeth i'r stiwdio sain gyda bwletin cyflawn dan ei gesail i ganfod nad oedd y darllenydd arferol wedi cyrraedd. Cyfaddefodd wedyn fod y syniad y gallai ef gael cais i gyflawni'r gorchwyl ei hun yn un mor anghredadwy iddo fel nad edrychodd eilwaith ar y bwletin. Yn y diwedd, gydag eiliad neu ddwy'n unig i'w sbario, cydsyniodd i eistedd ar ei galon a chafodd Cymru gyfan glywed ei ymdrech lafurus !

Un peth y mae'n rhaid i holl aelodau'r tîm fod wedi eu trwytho ynddo yw gwerth y cynnyrch y maent yn ei

73

drin ac yn ei addasu at bwrpas y rhaglen,—sef newyddion. Mewn teledu, fel ar y papur lleol mwya distadl, nid yw gwerth stori yn newid o gwbl. Y dull o'i chyflwyno yn unig sy'n wahanol.

Yn gyffredinol, gellir dweud yn null y *Rhodd Mam* mai dau fath o newyddion sydd : digwyddiadau a ddisgwylir, a storiau annisgwyl na ellir darparu ar eu cyfer ymlaen llaw. Y mae'r dosbarth cyntaf yn cynnwys cyfarfodydd a chynadleddau, dadorchuddio cofgolofnau a gwrthdystiadau ffurfiol. Weithiau, bydd storiau disgwyliadwy yn cynnwys elfen o'r annisgwyl sy'n eu rhoi yn yr ail ddosbarth. Heb sylweddoli hynny yr oedd y cyw-ohebydd a anfonwyd i wrando araith ac a ddaeth yn ei ôl yn waglaw am fod rhywun wedi saethu'r areithydd !

Dro arall, clywir am fanylyn a all roi arwyddocâd arbennig i hanesyn dibwys. Efallai na fyddai damwain ar y ffordd yn bwysig ynddi'i hun, ond y byddai diddordeb yn y sawl a anafwyd ynddi. Gallai enw lleidr fod yn bwysicach na'r hyn a ladratawyd, neu dân yn llai pwysig na'r sawl a achubwyd ohono. Pobl sy'n rheoli digwyddiadau. Mae pobl, felly, fel arfer, yn bwysicach na phethau.

Gwnaed ymdrech unwaith i anwybyddu stori am aelod parchus o'r sefydliad yng Nghymru a gyhuddwyd o gyflawni trosedd cyfreithiol difrifol iawn. Digwyddwn fod yn gyfrifol am gynnwys bwletin newyddion y diwrnod hwnnw, a rhoddais le blaenllaw i'r stori. Wedi'r cwbl, yr oedd y dyn yn adnabyddus drwy Gymru gyfan, a byddai hanes ei gwymp oddi wrth ras ymhob papur drannoeth. Clywodd un a oedd yn ymwneud â'r rhaglen fy mod am gynnwys y stori. Dadleuwyd fod gan y troseddwr gysylltiadau teledol a'i fod yn gyfaill i lawer ohonom. Ond mewn cyfrwng newyddion, ni thâl ystyriaethau felly. Yn y diwedd, gofynnwyd barn un o gyfarwyddwyr Cymreig y cwmni y gweithiwn iddo bryd hynny. Cytunodd â mi. Cafodd

74

Cymru wybod y manylion, a hyd y gwn, nid yw gwrthrych yr helynt yn ddim llai ei barch erbyn heddiw.

Rhan o waith beunyddiol y golygyddion yw mynd ar ofyn y gohebwyr lleol sy'n cyfrannu'r rhan fwyaf o'r newyddion a ddaw i law. Yn aml iawn, bydd yn rhaid cadarnhau ffaith, dyddiad, neu gywirdeb ambell ddyfyniad ymfflamychol. Weithiau, bydd angen mwy o wybodaeth neu agwedd newydd ar bwnc a fyddai'n rhoi gogwydd ychydig yn wahanol i'r stori o'i chymharu â fersiwn y sianel arall. Ac o dro i dro, bydd yn rhaid rhoi cerydd i ohebydd swrth am fod yn hwyrfrydig i anfon stori oedd yn tarddu yn union ar garreg ei ddrws.

Oherwydd natur y gwaith, arferir derbyn yn ddigwestiwn air gohebwyr y papurau lleol neu'r newyddiadurwyr sy'n gweithio ar eu liwt eu hunain, ond y gwir yw nad oes raid i ohebydd feddu ar lawer o ddychymyg i greu ei storiau ei hun pe bai newyddion yn brin ! Temtasiwn i ohebydd yn crafu am ei fara menyn fyddai defnyddio'r hen dric o lunio stori negyddol wedi ei seilio ar wadiad ffaith neu honiad dychmygol. Cyhoeddwyd ugeiniau ohonynt yn y papurau newydd dros y blynyddoedd, ac mae lle i amau fod ambell stori ddi-sail wedi cael ei darlledu hefyd. Yn y cyfryngau darlledu, fel ar bapurau newydd, fe dâl i'r golygyddion fod â pheth o'r elfen amheus neu anghrediniol honno sy'n nodweddu'r newyddiadurwr da.

Yn ogystal â defnyddio'r gohebwyr lleol fel ffynhonnell, bydd cyfran o bob bwletin yn tarddu o'r adran newyddion ei hun. Gyda'r post bob bore, daw tomennydd o hysbysiadau o adrannau cyhoeddusrwydd gwahanol gwmnïau a mudiadau. Ran fynychaf, digon di-fudd yw eu cynnwys ond yn awr ac yn y man gwelir cyfle i ymhelaethu arnynt.

Mae gan bob adran newyddion stôr o wybodaeth wedi ei ddosbarthu'n ofalus dan wahanol benawdau fel ffynhonnell ffeithiau ar amryfal bynciau. Yn ogystal, cedwir miloedd o luniau a phob ffilm a ddangoswyd erioed. Pe deuai gwybodaeth am ddamwain mewn pwll glo, dyweder, mor ddiweddar â phump o'r gloch y prynhawn, fe âi'r tîm newyddion ati ar amrant i ganfod peth o gefndir y lofa, yn ogystal ag anfon uned ffilmio allan ar unwaith. A fu damweiniau yno yn y gorffennol ? Pryd yr agorwyd y pwll ? Faint o weithwyr a gyflogir yno ? A oes ffilm o'r gwaith ar gael ? Mae'r cwestiynau'n ddi-derfyn. Ond o'r berw a godai yn sgîl clywed mor hwyr y dydd am ddigwyddiad o'r fath, y tebygrwydd yw y byddai cyflwynydd y rhaglen yn ymddangos mor ddi-gynnwrf ag erioed wrth adrodd holl fanylion y stori o fewn yr awr.

Gydag amser, bydd pob newyddiadurwr yn meithrin rhwydwaith o gyfeillion mewn swyddi allweddol y gall ddibynnu arnynt i roi gwybod iddo am ddigwyddiadau. Mae gair neu ddau'n unig yn ddigon. Mae'r cyfryngau'n hael wrth y bobl hynny, a'r ymddiriedaeth yn un a berchir. Ar faterion egwyddorol o bwys, dewisodd newyddiadurwyr fynd i garchar yn hytrach na datgelu ffynhonnell eu gwybodaeth. Dau ohonynt oedd Reginald Foster o'r *Daily Sketch* a Brendan Mulholland o'r *Daily Mail*. Ym 1963 anfonwyd hwy i garchar gyda'i gilydd am wrthod datgelu ffynhonnell eu gwybodaeth am weithgareddau William John Vassall, yr ysbiwr a werthodd gyfrinachau'r Llynges i'r Rwsiaid. Ddeng mlynedd yn ddiweddarach carcharwyd Kevin O'Kelly, gohebydd Radio Telefis Eireann, am wrthod cadarnhau, mewn llys yn Nulyn, mai Sean MacStiofain —y gŵr ar brawf—oedd yr un y bu'n ei gyfweld ar gyfer ei raglen radio.

Ystyriaeth i'w chofio gan olygyddion rhaglenni newyddion Cymraeg yw cynefin a diddordebau y gynulleidfa y darperir ar ei chyfer. Hyd y gellir dylai'r newyddion fod yn berthnasol. Nid yr un storiau sy'n apelio at wylwyr Cymraeg a rhai di-Gymraeg. Ar raglen Saesneg am Gymru, byddai'n holl-bwysig cofnodi'r ffaith fod dau gant o bobl yn mynd i golli eu gwaith mewn ffatri ym mhellafoedd Sir Fynwy ; dylai golygydd y rhaglen Gymraeg, ar y llaw arall, fod yn ymwybodol y byddai llawer mwy o arwyddocâd i ddiflaniad hanner cant o swyddi yn Nyffryn Ogwen neu Rydaman. Yn yr un modd, byddai cau hanner dwsin o gapeli yn Henaduriaeth Llŷn ac Eifionydd yn fwy perthnasol na chau hanner dwsin o neuaddau bingo neu glybiau yfed yng nghymoedd diwydiannol y De.

Cadw cydbwysedd rhwng y gwahanol eitemau sy'n bwysig. Hynny'n unig a wna'r newyddion yn gredadwy. Daw rhyw fath o drefn teilyngdod i'r amlwg hyd yn oed ar y dyddiau tawelaf. Ond annheg â'r gwylwyr ar ddyddiau felly yw dewis un pwnc a chwyddo'i bwysig-rwydd allan o bob rheswm. Sut felly mae argyhoeddi pobl o'r hyn sy'n stori fawr ? Yn y pen draw, ni wna gor-lywio pwnc neu sefyllfa sy'n gwbl gyffredin ond agor bwlch argyhoeddiad rhwng y newyddiadurwr a'i gynulleidfa, a thanseilio ffydd y cyhoedd yn nilysrwydd ei raglen. Ar hanner eu swper, neu ar fin mynd allan y mae miloedd o'r bobl sy'n edrych ar y newyddion. Dyletswydd y teledwr, felly, yw cyflwyno ffeithiau iddynt yn syml ac yn gryno. Er mwyn ateb gofynion y cyfrwng daw'r hanfod newyddiadurol o gwtogi a chywasgu yn bwysicach nag erioed. Profwyd mai byr iawn yw cof y gwrandawr, a'r gwyliwr yn arbennig. Rhaid cofio fod gwrthrychau'r sgrîn fach, fel y "seren wib," yn digwydd ac yn darfod yn rhy gyflym i adael argraff barhaol.

Y mae gan y golygydd gyfrifoldeb terfynol am newyddion a ddarllenir fel arfer gan rywun arall. I ddechrau, felly, rhaid i gynnwys y bwletin wneud synnwyr i'w ddarllenydd. Heb hynny, pa obaith fyddai gan y gwrandawyr i'w ddeall ? Cafwyd lle i amau ar adegau fod rhywbeth ar goll, un ai o gynnwys bwletin neu ynteu o grebwyll dehonglydd.

"Taflwyd hotel wag at yr Arlywydd Nixon," meddai darllenydd un tro, gan hau'r amheuaeth yn syth ei fod yn taro'r botel ei hun ! Soniodd un arall am ymdrechion i godi tŷ (yn lle ci) o dwll yn y ddaear. Camgymeriad mwy cyffredin yw camddynodi pellter. Dyna fu'n gyfrifol fod un brawd wedi cael clod am redeg "hanner can milltir" at y teliffon i alw'r frigâd pan aeth ei dŷ ar dân.

Ond rhag rhoi'r argraff fod y bai i gyd ar y darllenwyr am beidio â sylwi ar lithriadau o eiddo'r golygyddion prysur, cystal gorffen trwy ddweud fod lle i gredu i un golygydd gael ei ddiswyddo gan y B.B.C. am gyfieithu mai haid o wenyn oedd y "buzzard" a ymosododd ar fachgen o'r Canolbarth !

A Dyma'r Newyddion . . .

Mae'n eironig mai'r dasg hawsaf ar lawer ystyr mewn rhaglen newyddion yw darllen y bwletin sy'n fframwaith i'r rhaglen. Mae'n rhaid i'r gohebydd, y cyfwelwr, ac i raddau llai, y cyflwynydd hefyd ddefnyddio'u profiad newyddiadurol i'w galluogi i ymateb i unrhyw sefyllfa gyfnewidiol y byddant ynddi. Ond nid oes rhaid wrth brofiad newyddiadurol i fedru darllen y newyddion, i wneud bwletin yn gredadwy, ac i ddarllen y naill stori ar ôl y llall yn rhesymegol, yn synhwyrol a chydag argyhoeddiad.

Sen ar ddeallusrwydd a hunan-barch unrhyw newyddiadurwr profiadol fyddai cael ei gyflogi'n unig i ddarllen sgriptiau a baratoir gan rywun arall : does dim rhyfedd felly fod yr ysgrifenwyr yn tueddu i edrych ar y rhai a gyflogir fel darllenwyr yn unig—â pheth dirmyg nawddogol. Sylweddolir nad oes cyfle i ymarfer rhyw lawer o ddawn greadigol wrth ysgrifennu newyddion ; credir fod angen llai fyth o ddychymyg i'w darllen ! Ond efallai fod a wnelo eiddigedd rywbeth â hyn

78

hefyd. Y bobl a welir a gaiff glod y cyhoedd, nid y llafurwyr dygn y tu ôl i'r llenni a fu'n rhoi geiriau yn eu cegau. Y darllenwyr a gaiff y bai, hefyd, os darlledir camgymeriadau. Gellir dadlau mai eu swyddogaeth, a'u hunig swyddogaeth, yw darllen air-am-air y bwletinau a roddir iddynt. Yn sicr, nid lle'r darllenwyr yw newid yr un dim yn fympwyol. Ond ar yr un pryd, byddai'n fantais ddifesur i'r golygyddion pe bai darllenwyr yn meddwl tipyn ymlaenllaw cyn darllen. Darlledir camgymeriadau elfennol yn rhy aml o lawer. Byddai gwybodaeth gyffredinol am bobl enwog, am fudiadau a sefydliadau Cymreig, neu'n unig am ddaearyddiaeth eu gwlad, yn hynod o fanteisiol i ddarllenwyr newyddion. Hwy, wedi'r cwbl, yw'r cyswllt terfynol rhwng y golygyddion sy'n arlwyo'r newyddion, a'r cyhoedd sy'n disgwyl amdanynt.

Amlygir un gwahaniaeth rhwng y B.B.C. a theledu annibynnol o fewn i'w hadrannau newyddion. Ychydig o ddarllenwyr newyddion y B.B.C. sy'n newyddiadur-wyr. Anaml y bydd ganddynt ran yn y gwaith o baratoi'r bwletinau. O safbwynt y darllenwyr, sgript yn unig yw newyddion : sgript i'w darllen wedyn gydag ymdeimlad actor, gyda'r oslef briodol wedi ei meithrin yn ofalus i greu awyrgylch y digwyddiadau y sonnir amdanynt. O fewn y cwmnïau teledu annibynnol ar y llaw arall, anelir at benodi pobl sy'n newyddiadurwyr yn y lle cyntaf. Os yw'r rheini, trwy gyd-ddigwyddiad, yn berfformwyr teledu effeithiol, mae'n amlwg y bydd y cwmnïau'n elwa'n ariannol. Ond cystal ychwanegu nad yw'r newyddiadurwyr yn cwyno am y trefniant. Nid adlewyrchir y gwahaniaeth rhwng y ddwy sianel lawn mor bendant ar y rhaglenni newyddion a gynhyrchir yng Nghymru, gan mai ar ysgwyddau un dyn yn aml y syrth y baich o gyflwyno ac o holi yn y stiwdio yn ogystal â darllen y newyddion.

Angenrheidiau pennaf darllenydd newyddion yw llais da a phersonoliaeth awdurdodol. Dyma ddau gymhwyster yr adroddwr llwyddiannus, yr actor a'r pregethwr, a cheir y bobl hynny ymhlith ein darllenwyr newyddion gorau. Ond prin fod hynny'n ddigon, wrth gwrs. Rhaid adnabod y cyfrwng yn ddigon da i allu ymateb ar amrant i'w ffaeleddau. Dyna pryd y caiff gwlad gyfan weld os oes gan y darllenydd newyddion ryw gymaint o ddeallusrwydd yn ogystal â dawn traddodi. Rhaid iddo feddu'r gallu i ddarllen yn gall ar y cynnig cyntaf unrhyw stori gymalog, gymhleth a all gyrraedd i'w law yn ystod darllediad y rhaglen. Yn ddelfrydol, ni ddylai unrhyw stori newyddion fod yn gymalog nac yn gymhleth, ond am ryw reswm, rhai felly a dderbynnir ar y funud olaf ran fynychaf !

Prawf syml y gall dyn ei roi ar y gallu hwn yw iddo agor llyfr dieithr er mwyn gweld pa mor ystyrlon y gall ddarllen paragraff yn uchel, heb bendroni uwch ei ben i ddechrau. Cofiaf i mi gael fy nal unwaith pan roddwyd stori ychwanegol yn y bwletin, eiliadau cyn amser darlledu, a soniai am ddylifiad meddygon o un o ysbytai Caerdydd i'r America. Nid yw'r ystrydeb a ddefnyddir am y math yma o ymfudo yn cyfieithu'n rhwydd i'r Gymraeg, ac felly dyfynnwyd geiriau gwreiddiol y swyddog a gyfeiriodd at y broblem. Cychwynnais y stori drwy ddweud, "Dywedodd Mr . . . heddiw fod y brain drain yn gyfrifol am golledion cynyddol i ysbytai yng Nghymru.'' Ar ôl darllen cymaint â hynny y sylweddolais nad oedd gan nac adar na mieri ddim oll i'w wneud â cholledion y gwasanaeth iechyd !

Drwy Lygad y Camera

Mantais ac nid cymhwyster angenrheidiol fyddai profiad newyddiadurol i ddarllenydd newyddion. Ond i un gweithiwr allweddol sydd y tu allan i ffiniau cyfyng yr adran newyddion, gallai fod yn gymorth difesur. Y dyn camera yw hwnnw. Ar ei gydweithrediad ef a'i allu i synhwyro'r anghyffredin y dibynna'r tîm i gyd am ddeunydd i ddarlunio ffeithiau moel. Ychydig o ddynion camera sy'n meddu profiad newyddiadurol fel y cyfryw ; er hyn, ceir bod y goreuon o'u plith o hyd yn rhai a gychwynnodd eu gyrfa yn tynnu lluniau i bapurau newydd.

Ateb galwadau'r adran newyddion yn eu tro a wna'r gwŷr camera sy'n aelodau o staff y cwmnïau. Ond gweithio ar eu liwt eu hunain, gan anfon ffilmiau yn hytrach na geiriau i wahanol gwmnïau, a wna'r mwyafrif. Dibynna eu bywoliaeth, felly, ar eu dawn i ganfod a gwerthu storïau gweladwy. Dyma'r swydd sy'n talu orau ohonynt i gyd, ac mae stori am ddyn camera o'r Gogledd a arferai ffilmio ar gyfer tri chwmni teledu gwahanol ar yr un pryd. Cynlluniodd ffrâm i'w hongian o gylch ei wddf er mwyn dal tri chamera ar y tro. Canlyniad hyn oedd mai triphlyg hefyd oedd ei gydnabyddiaeth am ddiwrnod o waith ! Llai llwyddiannus oedd ymdrechion tîm newyddion arall o'r Gogledd. Dyna'r uned lle'r arferai'r gohebydd gael arwydd gan ei ddyn camera ei bod yn bryd iddo ddirwyn y sgwrs i ben pan ddynodid hynny gan amserydd betwi ŵy wedi ei osod ar ben y camera. Rhedai llinyn o goes y gohebydd i law'r dyn wrth y camera : plwc ar y llinyn fyddai'r arwydd ei bod hi'n bryd tewi !

Angenrheidiau pennaf y tynnwr lluniau newyddion yw amynedd, dewrder, egni ac iechyd i wrthsefyll pob tywydd, gan fod rhaid iddo sefyllian am oriau weithiau yn yr un man. Ceir eithriadau, fodd bynnag, i wrthbrofi pob rheol, ac mae Ron Davies, un o'r dynion camera teledu mwyaf medrus, mwya dygn, a mwya adnabyddus yng Nghymru, yn gaeth i gadair olwyn ers dros chwarter canrif. Peth digon da fyddai i'r amynedd angenrheidiol hwn ymylu ar styfnigrwydd ar adegau gan mai penyd y dyn camera yn aml yw gorfod glynu wrth ei orchwyl, deued a ddelo, ac anwybyddu pob her a bygythiad ac ateb nacaol. Ar adegau felly, efallai mai priodol fyddai ychwanegu nerth corfforol at y cymwysterau eraill a nodwyd. Gofynnir i'r dyn camera yn gyson i wneud pethau a ystyrid yn beryglus mewn galwedigaethau llai cynhyrfus.

I'r bachgen sy'n anturus, yn hoff o deithio, ac yn meddu'r dychymyg sydd raid wrtho i fod yn hunan-gynhaliol, swydd y dyn camera newyddion o bosibl yw'r fwyaf cyffrous a boddhaol mewn teledu. Yn anffodus, anaml y caiff y clod dyladwy am ei ymdrechion. Y gohebydd, yn amlach na pheidio, sy'n derbyn yr anrhydeddau. Ar yr un pryd, caiff y tynnwr lluniau y boddhad o wybod ei fod ar y cyfan yn ennill llawer mwy na'r newyddiadurwr a wêl drwy lygad ei gamera. Cysur arall iddo yw y gall wisgo fel y mynn. Dim ond go-hebydd a fu'n rhynnu yn nhrymder gaeaf o flaen camera, a hwnnw'n gyndyn i droi oherwydd oerni, a all wybod mor werthfawr yw peidio â gorfod ymboeni i edrych yn drwsiadus gerbron y miloedd !

Holi a Stilio

Gellid dadlau mai'r sawl sy'n holi'n gyson yn y stiwdio a ddylai fod y mwyaf gwybodus a deallus o blith tîm rhaglen newyddion. Ei swyddogaeth ef yw cael rhywun i ddadlennu gwybodaeth mewn tri neu bedwar munud a fyddai'n cymryd oriau o gwmpasu i feidrolyn cyffredin. Ar yr olwg gyntaf, mae byrder y sgyrsiau yn rhoi'r argraff mai arwynebol iawn yw eu cynnwys. Wrth gwrs, byddai'n amhosibl iddynt fod yn hynod o dreidd-gar, ond dyletswydd yr holwr yw manteisio i'r eithaf ar yr amser a roddir iddo, a derbyn hynny fel her, yn hytrach nag anfantais. Dyna pam y mae'n holl-bwysig iddo ymdrwytho ei hun ym mhynciau'r dydd a phriod-feysydd y bobl y bydd yn eu holi.

Byddai'n fanteisiol iddo hefyd adnabod cefndir personol ei westai yn weddol drylwyr, gan y byddai'r holwr yn gwneud ei hun yn gyff gwawd pe gofynnai iddo gwestiwn a amlygai anwybodaeth o ffaith syml, a honno'n ffaith a oedd yn hysbys i'r mwyafrif o'r gwylwyr. Mae hyn yn arbennig o berthnasol wrth drin y bobl enwog a welir yn gyson ar raglenni teledu. Ond gan bobl gyffredin, anenwog y ceir y storiau mwyaf diddorol yn aml. Eto i gyd, busnes yr holwr yw peidio â derbyn unrhyw honiadau yn ddi-gwestiwn. Rhan o'i waith yw cadarnhau cymwysterau siaradwyr i drafod eu pynciau.

Coffa da am y dyn a ddaeth i'r stiwdio yn honni iddo weld Martin Bormann mewn siop gamerâu yn Ne America. Adroddodd ei stori gydag argyhoeddiad, ac mewn sgwrs ar ôl y rhaglen, gofynnwyd iddo a welodd unrhyw beth arall diddorol ar ei grwydriadau.

"Wel do," meddai, "ychydig fisoedd ar ôl hyn, fe welais Martin Bormann drachefn. Roedd yn sefyll mewn llannerch ar gwr coedwig yn sgwrsio efo Hitler ac Eva Braun !"

Ond fel arfer, gofyn barn ei westai yn hytrach na cheisio ganddo unrhyw wybodaeth gyffredinol yw amcan cyfwelwr. Cyflwynydd y rhaglen ddylai roi ffeithiau am gefndir y pwnc sydd i'w drafod, mewn rhagarweiniad i'r sgwrs. Di-fudd, felly, yw i'r holwr ofyn cwestiynau arwynebol gan roi cyfle i'r gwestai osgoi ateb neu wyro cwestiwn er ei fantais ei hun. Wedi'r cwbl, pobl wedi hen ymgyfarwyddo â thriciau'r holwyr yw cyfran helaeth o'r rhai a wahoddir i'r stiwdio. Ar eu cyfer hwy, rhaid dethol cwestiynau treiddgar : rhai penodol a chaled nad oes obaith i'r gwleidydd mwyaf ystrywgar lithro o'u gafael. Yr unig fath arall o gwestiwn a allai fod yn ddefnyddiol, os yw'r amser yn dirwyn i ben a phwynt o bwys heb ei gyrraedd, yw cwestiwn arweiniol sy'n awgrymu ffaith neu syniad.

Gallai hynny ddod â'r sawl sy'n cael ei holi yn ôl at y pwnc gwreiddiol yn syth.

Camp y byddai'r holwr mwyaf profiadol yn barod i gyfaddef sy'n anodd ei goresgyn yw'r gallu i wrando'n astud ar bob gair o eiddo'r siaradwr, ac, ar adegau, i ganolbwyntio'n fras ar gynnwys yr atebion hyd yn oed. Mae cymaint o bethau eraill i feddwl amdanynt. Pa un yw'r cwestiwn nesaf ? Faint o amser sydd ar ôl ? Ai gwell, o fewn yr amser penodedig, yw mynd heibio'r cwestiwn nesaf at yr un olaf holl-bwysig ?

Mae'n hanfodol meistroli techneg i allu dilyn ym-resymiad y siaradwr, hyd yn oed os gwneid hynny ar draul colli cyfle i ofyn cwestiwn neu ddau. Gall ffaith annisgwyl mewn ateb wyrdroi holl gyfeiriad y sgwrs, gan wneud y cwestiwn y bwriadwyd ei ofyn nesaf yn aneffeithiol a dibwrpas. Ar adegau felly y gwelir diffygion holwr gwael sy'n mynnu glynu at ei gwestiynau gwreiddiol, deued a ddelo. Cafodd llawer newyddian ei ddal yn gofyn cwestiwn a oedd eisoes wedi ei ateb.

Ymhlith holwyr ceir llawer o ddadlau a ddylid trafod y cwestiynau gyda siaradwr ymlaen llaw. Os yw'r pwnc yn un llosg, yna efallai y byddai'n ddoethach cadw'r cwestiynau mwyaf beiddgar ynghudd ! Cofiaf unwaith osod y cwestiynau i siaradwr cyn y rhaglen a'i gael yn traethu yn ddi-daw am dri munud a hanner ! Pan ddaeth amser y cyfweliad gwrandawodd ar fy nghwest-iwn cyntaf, ond wrth ei ateb arall-eiriodd bob cwestiwn arall o'm heiddo a'u cyplysu yn ei ddatganiad slic. Pan ddaeth yr arwydd i orffen, ni fu raid i mi ond dweud "Diolch yn fawr" mewn penbleth llwyr, a hyd yn oed wedyn cefais gryn anhawster i roi taw ar y dyn.

Swydd y cyfwelwr teledu yw'r fwyaf anodd o holl swyddi rhaglen newyddion ar lawer ystyr. Yn wahanol i'r cyflwynydd, er enghraifft, ni all yr holwr fod yn hollol siŵr mai ef fydd meistr y sefyllfa bob tro. Medrai siaradwr ystyfnig danseilio cyfran helaeth o'i hunan-hyder ar amrantiad. Gallai'r holwr mwyaf profiadol a phroffesiynol fod yn chwys diferol wrth wrando ar rywun yn ei ateb mewn ebychiadau unsill yn unig. Ond mae'n syndod cyn lleied o bobl sydd wedi manteisio ar y cyfle i wneud hynny. Bûm o fewn trwch blewyn i gael y profiad un tro pan wynebais gyfreithiwr a drafodai gynllun datblygu enfawr. Roeddwn yn euog o'r pechod gwreiddiol o fod heb ymchwilio digon i'r pwnc ymlaen llaw. Buan y sylweddolodd y twrne craff mor arwynebol oedd fy ngwybodaeth, a chefais fy haeddiant. Atebodd fy nghwestiynau petrus mewn brawddegau byrion swta. Ni thyciai dim i gael ganddo ymhelaethu ac ni threiglodd amser erioed mor araf ! Sylweddolais y byddai'r gwylwyr yn canfod fy anhawster unrhyw eiliad, ac yn lle aros, fel y dylwn, am yr arwydd priodol gan reolwr-llawr y stiwdio penderfynais ddirwyn y sgwrs i ben funud cyn pryd. Golygai hynny fod ysgrif-enyddes y cyfarwyddwr, sy'n gyfrifol am amseru'r rhaglen, wedi ei thaflu oddi ar ei hechel yn llwyr. Gwyddwn hefyd mai ar gyflwynydd y rhaglen y dis-gynnai'r gwaith o lanw'r munud a gollwyd. Pwysicach i mi ar y foment honno oedd achub fy nghroen fy hun. Ond dysgais mai annoeth yw peidio ag ymchwilio i gefndir pwnc cyn ceisio'i drafod !

Er hyn, gellir gor-wneud y rhag-baratoi. Digwyddodd hynny i gyfaill i mi wrth gynnal ei gyfweliad cyntaf, a hynny gydag un o swyddogion Undeb y Glowyr yn Ne Cymru. Cymerodd y cwestiwn cyntaf y rhan helaethaf o funud i'w ofyn. Cynhwysai ffeithiau hanesyddol o'r ganrif ddiwethaf ac roedd yn gwestiwn blodeuog a chymleth. Yn raddol, ymddangosodd gwên fawr ar wyneb y swyddog undeb, ac ar derfyn y truth cymalog atebodd mewn un frawddeg fer !

Distawrwydd yw gelyn mawr y cyfrwng ; a thuedd reddfol unrhyw deledwr yw siarad pymtheg yn y dwsin i lanw seibiau anghysurus. Ond gall holwr medrus droi ennyd o ddistawrwydd yn arf seicolegol tra effeithiol. Y gamp yw oedi am eiliad cyn gofyn cwestiwn newydd. Tuedd y sawl a gaiff ei holi fydd llanw'r bwlch drwy ychwanegu brawddeg neu ddwy at ei ateb yn anfwriadol. Dywedir mai ar adegau felly y gwnaed rhai o ddadleniadau mawr ein cyfnod.

Efallai nad cyd-ddigwyddiad yw mai graddedigion a welir fynychaf yn addasu eu hunain at dechneg y cyfwelwr stiwdio. Cefndir coleg sy'n rhoi'r meddwl dadansoddol a'r ymwybyddiaeth athronyddol. Gellir gobeithio hefyd am fwy o ryddfrydiaeth barn ymhlith pobl y colegau. Maes y cyfwelwr, yn anad yr un arall, yw'r un heb le i'r cul na'r rhagfarnllyd.

I'r Priffyrdd a'r Caeau

Y swydd debycaf o ddenu bryd y llanc sydd ag uchelgais i weithio ym myd newyddion teledu yw swydd y gohebydd. Wrth gyflawni ei ddyletswyddau ef y deuir agosaf at wireddu'r syniad am ramant a chyffro y byd hwnnw, ac o fod yng nghanol berw digwyddiadau. Clywir am y gohebydd yn rhuthro ar draws gwlad, hyd yn oed ar draws y byd, heb ddim yn ei fag-llaw ond ei frws dannedd a'i grys nos. Gwelir ef yn cyflwyno adroddiadau am derfysg a chyffro, dirgelwch neu danchwa, trychineb neu ymweliad â broydd pell, difyr a hudolus. Dyna'r syniad poblogaidd am waith gohebydd teledu.

Ond yng Nghymru, adrodd am undonedd a chyff-redinedd digyffro bywyd bob dydd a wna'r gohebydd ran fynychaf. Ei oruchwylion ef yn bennaf sy'n cyfuno rhyw gymaint o waith pob un o'i gyd-weithwyr. Dyna pam mai swydd y gohebydd yw'r fwyaf cymhleth hefyd o bob swydd ar raglen newyddion.

I ddechrau, mae'n rhaid i'r gohebydd sy'n byw yn sefydlog mewn ardal ymhell o'r stiwdio ddarganfod y rhan fwyaf o'i storiau ei hun. Cyfrennir syniadau yn gyson iddo, mae'n wir, gan y cynhyrchydd, y golygydd ac unrhyw un arall sy'n gweithio i'r rhaglen. Ond dylet-swydd y gohebydd yn gyntaf oll yw olrhain ei storiau. Dylai adnabod ei ardal yn drylwyr, dylai ddarllen y papurau lleol yn ofalus a dylai feithrin perthynas glos â staff y papurau hynny, yn ogystal ag efo unrhyw un arall a allai fod o fudd iddo. Mae'n ofynnol iddo fod ar restr ohebu y cynghorau lleol ac i astudio cofnodion eu cyfarfodydd â llygaid barcud. Dylai fod ar delerau cyfeillgar â'r heddlu, y frigâd dân, staff yr ysbytai, swyddogion y gwasanaethau lles ac unrhyw fudiad dyngarol, cymdeithasol neu gyfalafol a fyddai'n debyg o fod â rhyw newyddion i'w cynnig, waeth pa mor ddibwys. Yn hyn o beth does fawr i'w ddewis rhwng gwaith gohebydd cwmni teledu rhanbarthol a gwaith gohebydd lleol y papur newydd mwyaf dinod.

Y gwahaniaeth yw nad oes raid i'r gohebydd teledu, fel rheol, ymboeni am ddim ond digwyddiadau a allai fod â rhyw arwyddocâd ehangach. Er hyn, mae'n deg cydnabod nad ystyrir unrhyw sefyllfa yng Nghymru, waeth pa mor blwyfol yr ymddengys, yn un sydd islaw sylw.

Ar ôl dewis ei stori â'r gohebydd ati i ganfod siarad-wyr i drafod y pwnc neu i gyflenwi ffeithiau am y cefndir os yw'r pwnc yn un sydd ag arno angen y fath driniaeth. Rhaid trefnu pa bryd a pha le i gyfarfod cyn i'r gohebydd roi cyfarwyddyd i'w uned ffilm ynglŷn â'r stori. Os mai stori wael sydd ar y gweill, y gohebydd fel rheol yw'r cyntaf i sylweddoli hynny, ond ni thâl iddo gydnabod y ffaith. Rhaid magu brwdfrydedd yr uned ffilm a chadw digon o ddiddordeb ei hun rhag rhoi'r argraff i'r gwylwyr, pan ddangosir y ffilm, ei fod yntau hefyd wedi hen alaru ar y pwnc. Wedi cyrraedd mangre'r ffilmio, bydd angen gweithio'n gyflym, beth bynnag fo'r amgylchiadau. Weithiau ni cheir cyfle i ofyn caniatâd i ffilmio ar dir rhywun ac efallai y daw'r perchennog ar warthaf yr uned i gwyno. Y gohebydd, yn ddieithriad, a gaiff y gwaith o geisio lliniaru ei lid. Mae darbwyllo o'r math hwn yn enghraifft o waith cysylltiadau cyhoeddus y gohebydd. Yn yr un modd, rhaid dibynnu weithiau ar gydweithrediad carfan o bobl. Y gohebydd ei hun sy'n cael y gwaith annymunol o ofyn i bawb ymdawelu tra bydd ef yn siarad i'r camera. Y gohebydd ei hun, hefyd, a fyddai'r cyntaf i gytuno fod gan y cyhoedd beth cyfiawnhâd i'w gasau ef a'i debyg !

Weithiau, rhaid cael barn y cyhoedd ar ryw bwnc neu'i gilydd, a dyna hi eto yn angenrheidiol i berswadio pobl y byddai cyfweliad byrfyfyr â hwy o werth amhrisiadwy i genedl ddisgwylgar. Bryd arall, rhaid argyhoeddi cynghorydd lleol hunan-dybus neu benbwysigyn o swyddog ei bod yn ddyletswydd arno i egluro safbwynt ei awdurdod ar goedd gwlad.

Hyd yn oed gyda chyd-weithrediad llwyr pawb, mae amgylchiadau y tu hwnt i reolaeth y gohebydd yn pennu fod yn rhaid gohirio'r gwaith o dro i dro— cawod o law efallai, neu'r haul, a wenai'n braf pan gychwynnwyd ffilmio, yn penderfynu diflannu y tu ôl i gwmwl. Ar adegau felly, gall y meidrolyn mwyaf pwyllog golli amynedd. Gwaith y gohebydd yw lliniaru dicter y bobl a gytunodd i gael eu holi er fod dyletswyddau eraill yn galw, a dal pen rheswm â hwy. Mae'r cyfan yn hyfforddiant penigamp pe bai'r gohebydd yn dewis mynd rhyw ddydd yn werthwr ceir ail-law, wedi i bob peth arall fethu !

Ffaith sy o blaid gwaith y gohebydd ffilm yw na fydd debyg o gael ei weld fyth yn cymryd cam gwag,— o leiaf, gan y cyhoedd ! Gwahanol yw hanes ei gymheiriaid sy'n ymddangos yn y stiwdio, am fod techneg ffilm yn cynnig ail-gyfle i gyflwyno adroddiadau i'r camera os bydd angen. Rhaid paratoi cyfweliad stiwdio yn ofalus ymlaen llaw, ond gall y gohebydd ffilm holi'n faith gan adael y tocio a'r twtio i ofal cydweithiwr yn y stiwdio. Wedi'r cyfan, mae'n annheg disgwyl i rywun na welodd gamera sain erioed o'r blaen grynhoi ei sylwadau yn drefnus o fewn terfynau munud neu ddau o gyfweliad. Y duedd, felly, yw gadael i sgyrsiau ar ffilm barhau'n hir gan obeithio y bydd y siaradwr mwyaf petrus yn dweud y cyfan, yn awyrgylch gyfarwydd ei filltir sgwâr ei hun, dim ond i'r gohebydd fod yn amyneddgar.

Paratoir sgyrsiau ffilm gydag un camera wedi ei anelu'n gyson at y siaradwr drwy gydol y sgwrs. Ar ei therfyn, ac efallai wedi ymadawiad y siaradwr, bydd y gohebydd yn ail-ofyn ei gwestiynau, a'r camera erbyn hyn wedi'i droi arno ef,—profiad eithriadol o annaturiol i'r anghyfarwydd. Yna, yn y stiwdio bydd y sawl a fydd yn golygu'r adroddiad yn rhoi'r cwestiynau perthnasol yn eu lle priodol rhwng yr atebion, gan fanteisio ar y cyfle i gwtogi'r rheini os bydd angen. Y ffaith fod cwestiynau gohebydd ffilm yn cael eu hail-ofyn ar derfyn sgwrs sy'n egluro pam y gwelir siaradwr yn gorffen atebiad weithiau gyda chwerthiniad iach, ac wyneb y gohebydd yn dod i'r golwg yr eiliad nesaf yn ymddangos fel pe na bai gronyn o hiwmor yn ei gyfansoddiad. Mae ffurf derfynol stori ar ffilm—y ffurf a ddangosir —yn ddi-eithriad yn daclus a thwt. Gadewir y cam-gymeriadau yn domen ar lawr ystafell y torrwr.

Yr unig adeg y bydd yn rhaid i ohebydd ffilm ddefn-yddio hunan-ddisgyblaeth lem wrth holi yw pan fydd brys eithriadol i gwblhau adroddiad. Gall pellter lleoliad y stori o'r stiwdio olygu na fydd amser yn caniatau unrhyw waith manwl wrth ei golygu. Ar adegau felly, ni fydd cyfle i wneud dim mwy na thorri pen a chynffon y ffilm ; dylai'r gohebydd ofalu y bydd yn addas i'w dangos yn y cyflwr hwnnw.

Mae gan bob gohebydd lu o hanesion am y dyddiau y torrwyd pob record i geisio cyrraedd y stiwdio mewn pryd o amryfal ardaloedd anhygyrch ym mhob cwr o Gymru. Ond yn y pen draw, y teithio di-ddiwedd sy'n diflasu dyn. Mae'r gyrru a ddisgwylir gan ohebydd yn dreth ar nerfau'r cadarnaf, hyd yn oed os yw pob milltir a gofnodir ar y cloc bach rhwng barrau'r llyw yn golygu mwy o arian yn y pecyn treuliau. I'r sawl sy heb brofiad o deithio milltiroedd fel rhan o'i waith beunyddiol, nid yw gyrru car am oriau ar y tro ond ffordd bleserus o dreulio amser. Ond cytunai pob trafaeliwr, mewn bisgedi neu sebon, fod gyrru cymaint â mil o filltiroedd yr wythnos yn brofiad llethol, hyd yn oed yn y car moethusaf. Buan y daw'r gohebydd sy'n casau ei fodur i gasau ei swydd.

Y ffordd fwyaf pleserus o deithio yw cael rhywun arall i yrru, a chyn bo hir efallai bydd gan y rhaglenni newyddion Cymraeg, fel rhaglenni newyddion Prydain, ohebwyr ym mhedwar ban byd. Brysied y dydd, oherwydd nid oes dim yn rhoi mwy o wefr i'r gohebydd sy'n treulio misoedd yn cofnodi helyntion lleol na chael taith mewn awyren i wlad bell a rhywun arall yn talu'r treuliau. Anaml y caiff gohebydd o Gymro deithiau felly ar hyn o bryd, ond gwelais fwy ar y byd yn ystod fy mlynyddoedd yn ohebydd ffilm nag a welais cynt nac wedyn.

Os yw canfod siadarwyr Cymraeg yn anhawster beunyddiol yng Nghymru, mae'r gohebydd rhyng-wladol yn ddibynnol bron yn gyfangwbl ar ei ddawn ei hun i adrodd hanesyn. Yn wir, oni cheir gafael ar siaradwr yng Nghymru a fydd mewn rhyw ffordd yn medru ychwanegu at y stori, yna'r gohebydd ei hun a ddylai ei hadrodd. Sawl tro y clywyd siaradwr llafurus yn cael trafferth i fynegi ei hun ? Ar adegau felly, dylid ei hepgor. Wedi'r cyfan, cyflogwyd y gohebydd oher-wydd ei ddawn i ddweud stori yn gryno ac yn ddeall-adwy.

Hen ddadl ymhlith gohebwyr yw a ddylid ysgrifennu'r adroddiadau sydd i'w traddodi i'r camera ffilm cyn eu dysgu ar y cof. Y dewis yw un ai hynny, neu baratoi'n feddyliol a rhesymu'r brawddegau wrth adrodd y stori.

Perthyn rhinweddau i'r ddau ddull. Gellir dadlau y byddai dehongliad terfynol y sawl a ysgrifennodd ei adroddiad ymlaen llaw yn fwy caboledig a'r iaith yn goethach. Ond tuedd y gohebydd bryd hynny yw cofio geiriau yn hytrach na chyfleu naws yr hyn a wêl o'i gwmpas. Mae ambell un hefyd yn cael anhawster gwirioneddol i drosglwyddo unrhyw beth i'w gof,—hyd yn oed frawddegau a ysgrifennodd ef ei hun ychydig funudau ynghynt. Rhaid cofio ei bod yn angenrheidiol weithiau i gyfleu awyrgylch y foment. Bryd hynny, yn ddiddadl, mae'r fantais gan y storiwr greddfol sy'n siarad o'r frest.

Gall y gohebydd o Gymro elwa ar un fantais annheg os yw'n sicr ei fod ymhlith estroniaid ! Gan ei fod yn siarad iaith sy'n gyfyngedig i ychydig, gall fentro dweud pethau a byddai'n annoeth iddo'u traddodi yng nghlyw cynulleidfa a fyddai'n deall ei iaith. Dyma'n sicr fantais i'w chofio os byth y daw'n arfer i anfon gohebwyr o Gymru ar hyd a lled y byd.

Eisoes daeth yr iaith Gymraeg i'r adwy i ohebwyr ar adegau rhyfedd iawn, ac yn foddion i ddod â ' sgŵp ' go bwysig i ambell un.

Drwy'r dydd ar y pumed o Ragfyr 1921 disgwyliai'r wlad yn eiddgar am gadarnhad a oedd cytundeb heddwch i gael ei arwyddo rhwng Prydain ac Iwerddon ai peidio. Ymhell cyn dyfod dyddiau teledu, yr un oedd anian gohebwyr. Ar balmant Downing Street tyrrai dynion papur newydd, yn disgwyl cyfle i ofyn i David Lloyd George, y Prif Weinidog ar y pryd, a oedd yr helynt ar ben. Yntau, yn oriau mân bore'r chweched, yn gwthio'i ffordd drwy'r dorf gan anwybyddu ymbil taer y newyddiadurwyr am wybodaeth. Ond yn eu plith, yr oedd un Cymro. "A oes heddwch ?" galwodd. Lloyd George yn clywed y waedd Gymraeg gyfarwydd, ac yn oedi am ennyd. "Heddwch !" meddai gyda gwên. Fel y diflannai Lloyd George i'w gerbyd brysiai Edward James o'r *Western Mail* tua'i swyddfa yn Fleet Street :

y gohebydd cyntaf i gael gwybod fod pleidwyr gwerin-
iaeth Iwerddon wedi derbyn cyfaddawd Lloyd George.

Bron hanner canrif yn ddiweddarach, roedd cyflafan
arall ar gyfandir Affrica. Un a fu'n llygad-dyst i dranc
Biafra dan ormes milwyr du y Cadfridog Gowan o
Nigeria oedd Angus McDermid, Cymro glân o Fangor,
ar waetha'i enw ! Gweithiai yno i'r B.B.C. Mewn
sefyllfaoedd o'r fath, datblygodd yn draddodiad i'r
awdurdodau wahardd gohebwyr rhag anfon eu hadrodd-
iadau. Credir nad llesol i enw da llywodraeth yw gadael
i'r byd mawr wybod am y dioddef anochel a ddigwydd
ar adegau o argyfwng.

Ym mis Gorffennaf 1966, wedi chwe mis o lywodraeth
filwrol yn Nigeria, llofruddiwyd y Prif Gadfridog Ironsi
gan garfan o'i filwyr a wrthryfelodd yn ei erbyn. Camp
gohebwyr yn y fan a'r lle oedd anfon y wybodaeth allan
o'r wlad, a'r unig un a lwyddodd i wneud hynny oedd
Angus McDermid. Anfonodd ei genadwri ar y gwifrau i
Lundain yn iaith ei fam. Dyma'r hanes, yng ngeiriau
Angus McDermid ei hun :

"Yr unig bosibilrwydd o siarad ag Ewrop, yn ôl
cyfnewidfa'r teliffon, oedd er mwyn trafod materion
personol yn unig. Yr unig siawns o anfon y neges, felly,
oedd mewn iaith arall—i guddio'r cynnwys.

"Meddyliais yn sydyn am yr hen iaith.

"Gofynnais am fy nghartref yn Llundain. Dywedodd
yr ' operator ' unwaith eto : ' Saesneg yn unig, neu eich
iaith frodorol.' O'r gorau, atebais, a phan glywais lais fy
ngwraig, Myfanwy, dywedais wrthi yn Gymraeg, heb
golli amser, fod chwyldro wedi digwydd yn y fyddin.
Roedd yn amhosibl enwi unrhyw le neu unigolyn, wrth
gwrs, ac yr oedd yn rhaid imi gysidro beth oedd cyfieith-
iad cywir y geiriau, ' supreme military commander ' yn
Gymraeg. Penderfynais ar ' pennaeth y fyddin ' ond
dyma'r ' operator ' yn torri ar fy nhraws.

" ' Dim ond Saesneg neu eich iaith frodorol, syr,'
meddai yn benderfynol.

"Hanner munud, atebais, rwyf yn siarad yn fy iaith frodorol.

"Ond gan fod y dyn mor gyndyn i mi barhau'r sgwrs, mewn chwinciad, gwaeddais yn glir y frawddeg bwysig, ' Saethwyd pennaeth y fyddin yn ystod y nos ! '

"Yna, troais i'r Saesneg, a gofynais i Myfanwy siarad ag un o olygyddion adran y newyddion yn Broadcasting House. Roedd hi, a hwythau, yn deall y sefyllfa yn berffaith, ac roedd hanes llofruddiaeth General Ironsi ar y newyddion un o'r gloch."

Ar fur ystafell newyddion I.T.N. yn Llundain mae nodyn yn atgoffa'r gohebwyr ei bod yn hanfodol iddynt gludo'u "passport" gyda hwy bob amser. Prin fod angen hynny yng Nghymru eto, ond cyngor hollol ymarferol i bob gohebydd yw bod â bag-llaw o fewn cyrraedd yn cynnwys yr angenrheidiau hanfodol ar gyfer noson neu ddwy oddi-cartref. Buddiol hefyd yw cario dillad ac esgidiau yng nghist y car a fyddai'n addas ar gyfer pob amgylchiad a thywydd. Efallai mai ystafell foethus rheolwr rhyw gwmni yw lleoliad stori heddiw ; gall stori yfory fod mewn storm ar fwrdd llong ym Môr Iwerddon, yng nghrombil pwll glo, neu'n hedfan yn uchel dros fynyddoedd Eryri.

Yr unig beth sy'n cyfyngu ar symudiadau gohebydd teledu yw'r osgordd y mae'n ddibynnol arni i gyflwyno'i adroddiad. Dyma lle'r amlygir un gwahaniaeth sylfaenol rhwng gohebydd teledu a'i gymar sy'n gweithio i bapur newydd. Mae'n ofynnol i'r teledwr fynd â dau neu dri o dechnegwyr i'w ganlyn ar drywydd pob stori. Fel arfer ceir cyd-ddealltwriaeth hapus rhwng y gohebydd, gweithiwr y camera a chofnodwr sain yr uned, ac mae'n arferol i rannu'r baich o gario'r llwyth o geriach trwm sy'n angenrheidiol i gofnodi'r stori.

Oherwydd ei bod mor anodd i uned ffilm symud, gorfodir gohebydd teledu i ragdybio cryn dipyn am natur y stori cyn cyrraedd ei lleoliad. Gan fod ffilmio yn fusnes mor lafurus, ac amser yn pwyso mor drwm, rhaid gorchymyn y dyn camera i ddechrau ar ei waith cyn gynted ag y cyrhaeddir y man hwnnw. Mae'r broses o gofnodi'r hanesyn yn cychwyn yn syth, ac fe'i cwblheir yn y fan a'r lle. Gall ffilmio popeth sy'n berthnasol i'r stori gymryd awr neu ddwy, ond fe ddangosir y cyfan mewn munud neu ddau !

Byddai gohebydd papur newydd yn mynd ati i gofnodi'r un hanes mewn modd tra gwahanol. Gallai dreulio'r un faint o amser yn union ger ffynhonnell y digwyddiad yn gwneud fawr mwy na holi hwn a'r llall ar eu liwt ei hun. Felly y trwytha'i hun am gefndir y stori. Ni fydd y gwaith llafurus o'i chofnodi ar bapur yn cychwyn hyd nes iddo gael gafael ar gornel dawel i hel ei feddyliau ac i roi trefn ar ei nodiadau. Mae'n debyg y bydd uned newyddion y teledu wedi troi'n ôl i'r stiwdio cyn i ohebydd y papur anfon ei adroddiad i'w swyddfa, a bron yn ddieithriad bydd y stori wedi cael ei dangos ar y teledu cyn iddi ymddangos yn y papur newydd.

Mae ar ohebwyr teledu ddoe, heddiw, ac yfory mae'n siŵr, ddyled fawr i gartrefi led-led Cymru lle rhoddwyd croeso iddynt hwy a'u gosgordd. Nid mater bychan yw i deulu weld mintai o bobl yn glanio ar garreg eu drws, weithiau'n ddi-rybudd, ond yn disgwyl paned o de serch hynny, os nad darn o fara brith yn ogystal ! Mae'r croeso a geir ar ambell aelwyd Gymreig wedi mynd yn rhan o chwedloniaeth y cyfrwng erbyn hyn.

Ni chedwir unrhyw ohebydd i weithio gyda'r unedau ffilm yn unig wrth gwrs. Yr un mor aml, gwelir y gohebydd a leolir ym mhencadlys ei gwmni yn cyflwyno adroddiadau ' byw ' o'r stiwdio. Yno, bydd gofynion ei arddull yn gyffelyb i rai cyflwynydd y rhaglen os nad yn gyfystyr â hwy. Am ryw reswm, mae rhai sy'n hen gyfarwydd â thraethu'n huawdl gerbron camera symudol yr unedau ffilm yn ei chael hi'n anodd i siarad yr un mor eofn a hyderus i gamerau mawr trwsgwl y stiwdio lachar. Mae'n debyg mai arfer peryglus yw gor-gyfarwyddo â chamera'r ail gynnig !

O fewn terfynau'r stiwdio yr amlygir swyddogaeth y gohebydd fel dehonglwr y newyddion. Nid yw ffeithiau moel yn cyfleu arwyddocâd y newydd. Yn hyn o beth, gall gohebydd da ragori ar arbenigwr. Oherwydd natur ei hyfforddiant, gall gohebydd ddweud yn syml yr union bethau y mae ar y gwylwyr eisiau'u gwybod. Tuedd arbenigwr yw cymryd yn ganiataol fod y cyhoedd yn gyfarwydd â chefndir ei bwnc. Ni ddylai'r gohebydd fyth ragdybio dim, ond gwna gofynion ei grefft ef yn arbenigwr unnos ar amryfal bynciau !

Gan fod pawb o staff rhaglen ddyddiol yn gweithio gyda'i gilydd, anaml y gwelir angen am arbenigwyr ar bynciau unigol ymhlith aelodau'r tîm. I ran y cyfwelwr cyson fel arfer y daw'r gwaith o stilio gwleidyddwyr, addysgwyr, crefyddwyr neu lenorion fel ei gilydd. Byd chwaraeon yn unig sy'n teilyngu holl sylw un gohebydd.

Y Gohebydd Chwaraeon

Trwy'r holl gyfryngau newyddiadurol, daeth yr adran chwaraeon yn fyd bach ynddi'i hun, ac yn nhyb rhai rhoddir pwyslais afresymol arni. Chwaraeon yw diddordeb pennaf cyfartaledd uchel iawn o ddarllenwyr a gwylwyr, a chan na oddefir i'r teledu dreulio gormodedd o amser yn meithrin chwaeth at bethau aruchel, rhaid ymateb i'r galw.

Mae pawb sy'n ymddiddori mewn chwaraeon, wrth ddisgwyl bws, yn siop y barbwr, yn y sasiwn a'r farchnad yn ystyried eu hunain yn arbenigwyr ar hynt a helynt eu tïmau lleol a'u harwyr cenedlaethol. Tueddant i fod yn gibddall i ragoriaethau gwroniaid eraill. Golyga hynny ei bod yn angenrheidiol i'r gohebydd chwaraeon fod wedi ei drwytho yn ei bwnc. Gyda'r blynyddoedd daeth pobl fel Eic Davies, R. Alun Evans a Dewi Bebb i gael eu cydnabod yn sylwedyddion cytbwys, a pherchir eu barn drwy Gymru gyfan. Ond ym myd chwaraeon hefyd fe welir y paraseits o blith newyddiadurwyr, ac fe lwyddodd cynffonwyr nawddogol o ychydig grebwyll i gael eu harddel fel sylwedyddion o bwys. Enillant eu plwy mewn byr o dro drwy adlewyrchu barn arbenigwyr cydnabyddedig. Tric arall yw dod i led-adnabod chwaraewyr a mynd ati wedyn i or-bwysleisio pob ebychiad dibwys o eiddo'r rheini. Ar yr un pryd, mawrygir campau rhai o ychydig ddawn. Mae'r cyfryngau'n gallu creu arwyr o'r mwyaf distadl. O gofio bod cyfran helaeth o'r pencampwyr, ym myd pêl droed yn arbennig, yn ei chael hi'n anodd i ffurfio brawddegau synhwyrol, nid yw'r arfer yn gwneud fawr o les i ddelwedd y cyfryngau, heb sôn am y chwaraewyr eu hunain. Onid yw'n ddigon i baffiwr feddu medrusrwydd yn y cylch, neu beldroediwr ysgafnder troed ar y cae ? Ni ddylid cymryd yn ganiataol fod ganddynt ' ddawn-deud ' yn ogystal. Ond nid yw'n rhaid i'r eithriadau sy'n meddu'r ddawn brin honno ymboeni am eu bywoliaeth ar ôl i'r cymylau anystwytho. Prin fod yr un wedi cael anhawster i ganfod swydd newyddiadurol !

Camwedd pennaf y gohebwyr chwaraeon yw defnyddio iaith sathredig. Ymddengys fod mabwysiadu ieithwedd hollol arbennig yn gymhwyster cwbl hanfodol cyn gallu ymgymryd â'r gwaith. Fel y sylwodd D. Tecwyn Lloyd yn ei arolwg o newyddiaduriaeth yng Nghymru,

"... pennaf nythle'r holl ystrydebau Saesneg i gyd yw'r hanesion am chwarae socer a ryger. Yn yr adroddiadau hyn ceir pob ystrydeb sy'n bod yn yr iaith Saesneg ar wahân i ' God is Love ' a ' Please adjust your dress before leaving ' ac ar yr ystrydebau hyn y mae'r newyddiaduriaeth arbennig hwn yn byw. Fel y disgybl ysbâs yn ysgolion y beirdd gynt, mae'n rhaid i riportar chwaraeon ddysgu cadwyn hir o dermau iachus at y gwaith."

Dichon mai'r gohebwyr papur newydd â'r casgliad ehangaf o ystrydebau a gaiff y derbyniad gwresocaf ym myd teledu. Ar dafod-leferydd, byddai'r priod-ddulliau yr awgryma Tecwyn Lloyd iddynt ddatblygu dan ddylanwad gwroniaid y Gorllewin Gwyllt yn llithro'n ffri. Mae'n bosibl na fyddent yn taro'r glust lawn mor chwerthinllyd ag yr edrychant ar bapur. Yn waeth fyth, clywir cyfieithu termau chwarae rhyfeddol yn llythrennol i'r Gymraeg. Felly'r â "found the net" yn 'ffeindio'r rhwyd'; "flying down the wing" yn 'fflio lawr yr asgell'; "turn on a sixpence" yn 'droi ar chwe-cheiniog', ac, yn ôl un sylwedydd hunan-dybus ar ei fwyaf amhersain "hit the woodwork" yn 'daro'r gwaith coed'!

Sut 'Dach Chi Heno ?

O blith holl aelodau tîm rhaglen newyddion, fel yn hanes unrhyw raglen gyson, enw'r cyflwynydd yn anad yr un arall a unieithir â hi, â'i gwendidau, yn ogystal â'i rhagoriaethau. Wedi'r cwbl, ei wyneb ef yw'r un a welir amlaf, a'i bersonoliaeth ef i raddau sy'n rhoi cymeriad i'r rhaglen. Daw'r cyhoedd i ddibynnu arno. Y tu allan i gylch eu cydnabod agosag ef yw un o'r ymwelwyr mwyaf cyson â'u haelwydydd.

Er nad yw'r cyflwynydd ei hun ond yn adnabod cyfran fechan iawn o'i gynulleidfa, o angenrheidrwydd, mae gan y teledwr Cymraeg un fantais allweddol ar gyflwynwyr rhaglenni Saesneg. Gŵyr y Cymro'n burion ym mha rannau o'r wlad y mae gwylwyr ei raglen yn fwyaf niferus, ac mae ganddo syniad go dda hefyd sut gynulleidfa yw hi. O'r ardaloedd Cymraeg y tardda'r teledwyr eu hunain. Pobl wedi mudo i Gaerdydd ydynt bron yn ddieithriad ac mae ymwybyddiaeth o gefndir tra gwahanol i un y brifddinas yn fantais ddifesur i bob teledwr.

O blith amryfal swyddi aelodau'r tîm newyddion, gall gwaith cyflwynydd y rhaglen fod y rhwyddaf a'r anoddaf ar yr un pryd. Cyflenwi'r dolenni cyswllt rhwng cyfraniadau ei gyd-weithwyr yw ei swyddogaeth, ac felly mae'n treulio ei ddiwrnod gwaith yn holi hwn ac arall am gynnwys y gwahanol eitemau. Ar ôl cael braslun o adroddiadau'r gohebwyr, ei gamp wedyn yw llunio cyflwyniadau i roi rhagflas o'r stori sydd ar ddod heb ei hadrodd, neu o leiaf heb gynnwys y ffeithiau allweddol hynny a fyddai'n ei lladd cyn ei dechrau. Mae'r dechneg yn debyg i un is-olygydd papur newydd yn llunio penawdau i ennyn diddordeb a goglais chwilfrydedd yn unig.

Yn aml bydd yn rhaid i'r cyflwynydd grafu gwaelod y gasgen i gael defnydd ar gyfer cyflwyniad. Dylai fod yn ddarllenydd eang, ond gall bori yn y ffynonellau mwyaf arwynebol gan mor fyr, o angenrhaid, yw'r amser a gaiff i ddoethinebu. Bu'r *Guinness Book of Records*, *Whitakers Almanac*, a *A Digest of Welsh Statistics* o werth difesur lawer tro ! Bryd arall canfydda'r cyflwynydd mai gair o brofiad personol neu ddatganiad cyhoeddus o'i gredo ef ei hun yw'r union beth sy'n gweddu fel arweiniad i eitem. Taro nodyn felly, yn achlysurol, sy'n rhoi stamp personoliaeth y cyflwynydd ar y rhaglen y mae'n ei chlymu wrth ei gilydd.

Y cyflwyniad anoddaf, a'r un sy'n rhoi'r prawf caletaf ar ddyfeisgarwch a dychymyg y cyflwynydd, yw llunio dolen gyswllt yn cynnwys ffaith amserol, yn codi o newyddion y dydd, a'i defnyddio i arwain at stori sydd bron yn gwbl amherthnasol i'r ρwnc dan sylw ! Weithiau bydd gohebydd wedi anfon ffilm i'r stiwdio a honno am ryw reswm wedi ei rhoi o'r neilltu ar y diwrnod y bwriadwyd ei dangos. Ceir nifer o adroddiadau felly yn segur ar y silffoedd. Ond yn y man daw'r dydd y bydd yn rhaid dewis o'u plith i lanw bwlch ar y funud olaf—pe bai adroddiad y bwriadwyd ei gynnwys heb gyrraedd mewn pryd, dyweder. Bydd chwysu ar yr adegau hynny i newid cyfeiriad y cyflwyniad gwreiddiol i gyplysu â'r stori newydd neu i lunio cyflwyniad cwbl wahanol o fewn eiliadau.

Bu adeg pan fyddai sôn ar lafar gwlad am gof eithriadol y cyflwynwyr teledu. "Sut ar y ddaear," meddai pobl wrth wylio darllenwyr newyddion Llundain yn arbennig, "y mae hwnna yn gallu cofio cymaint heb edrych i lawr unwaith ?" Yr ateb wrth gwrs yw fod y cwmnïau mawrion yn berchen teclyn rhyfeddol a adwaenir bellach fel y cofweinydd. Mae'n declyn eithaf syml : rhwng y cyflwynydd a'i gamera y mae bocs, heb fod yn annhebyg i set deledu, ac fe deflir y geiriau ar ei sgrîn. Nid oes raid i'r teledwr ond darllen yr hyn a wêl o flaen ei lygaid. Gwneir y gorchwyl yn haws os yw'r cyflwynydd yn darllen ei eiriau ei hun. Dod i ddygymod â'r peiriant yw'r gorchwyl anoddaf. I ddechrau, rhaid meithrin ffydd yn y sawl sy'n gyfrifol am redeg y rhimyn papur ysgrifenedig drwyddo, rhaid peidio â chaniatáu i'r meddwl grwydro at bethau eraill tra'n darllen, ac yn bwysicaf oll rhaid bod yn ymwybodol fod cynulleidfa enfawr yr ochr arall yn gwrando ar bob pwyslais ac yn gwylio pob ystum. Prin y sylwir ar symudiad y llygaid— mae'r llinellau ar y bocs yn rhy gul i hynny—ond ni fyddai angen gwyliwr praff i ganfod y cyflwynydd a gollodd ddiddordeb yn ei bwnc neu a gollodd ystyr ei linellau. Rhaid yw adnabod y gair yn ogystal â gwybod y geiriau. Peth hynod o afreal, a chwithig ar y dechrau, yw siarad i gamera ; mae siarad i gofweinydd yn cynyddu'r afrealaeth seithgwaith.

Ar raglenni "byw" fel y newyddion, gwelir pob llithriad o eiddo'r cyflwynydd wrth iddo ddigwydd. Ei ddull o ymateb i droeon trwstan sy'n dangos i'r gwylwyr ei gryfder a'i wendid. Ni fyddai neb sy'n nodedig am ei aml lithriadau yn cael y swydd o gyflwyno rhaglen, a gwaith y cyflwynydd yn aml yw gwneud iawn am gamgymeriadau pobl eraill. Yr eiliadau erchyll pan ddigwydd y rheini, ysywaeth, yw'r rhai mwyaf poblogaidd gan y gwylwyr. Pan fo'r cyflwynydd yn estyn am ei deliffon y gwelir y gyfundrefn ryfeddol yn torri i lawr. Profir mai ffaeledig, fel popeth arall, yw'r teledu hefyd, ac mae cenedl gyfan yn gallu rhoi ochenaid o ryddhad ! Gweithiais i un cynhyrchydd a sylweddolai hyn. Credai y dylid trefnu ffradach yn achlysurol i gadw'i gyflwynydd ar flaen ei sedd, a'r gwylwyr ar ddihun. A oes raid ychwanegu i'r drefn ddod i'r adwy i arbed gweithredu'r fath bolisi eithafol !

Mae cyflwynydd y rhaglen yn rhannu gyda'r gohebydd ffilm yr ymdeimlad ei fod yn ddibynnol iawn ar ei adnoddau ei hun, ond o leiaf, mae'r peirianwaith yn diogelu'r gohebydd ffilm rhag i'w gamweddau gael eu datgelu'n gyhoeddus. Y cyflwynydd yn unig sy'n gyfangwbl ddiymgeledd. Ef yw'r ddolen olaf rhwng y rhaglen, y cwmni y mae'n gweithio iddo, a'r gwylwyr yn eu cartrefi. Mae ei gyfrifoldeb felly yn aruthrol, heb neb i droi ato mewn argyfwng, a dim ond ei hunanhyder yn gefn pan ddaw'r golau coch ymlaen. Y mae ganddo'r modd a'r cyfle i fod yn gwbl anghyfrifol ; i draddodi athrod gan amddifadu ei hun o'i swydd mewn ennyd, ac i wneud y cwmni y mae'n was cyflog iddo yn gyff-gwawd neu'n destun achos cyfreithiol costus.

Beth felly yw'r cymwysterau ar gyfer y fath arswydus swydd ? Nid oes raid dweud mai pobl hyderus heb nerfau yn eu poeni a ddylai fod ar flaen y gâd. Ond prin yw'r geiriau Cymraeg sy'n cyfleu orau hanfodion y grefft. 'Style', 'flair', a 'panache' yw'r nodweddion a ddaw i'r meddwl, a'r eironi terfynol yw mai yng nghadair unig y cyflwynydd y gall y sawl sy'n ei chael hi anoddaf i gymysgu â phobl ganfod ei rigol mewn bywyd a chyfiawnhau ei fodolaeth.

Concro'r Camera

Rhyw gyfuniad o ddawn a 'confidence trick' yw hanfod y dechneg o ymddangos yn dderbyniol gerbron camera teledu. Yn sicr, gellir ystyried bod siarad yn synhwyrol i focs o fetel pan fo golau coch yn ymddangos, gyda'r mwyaf annaturiol o weithgareddau dyn! Concro'r camera, felly, yw rheidrwydd cyntaf pob egin deledwr, ond techneg yw hi na feistrolir dros nos gan neb, ac nid byth gan ambell un.

Mae'r gynulleidfa deledu mor fawr fel ei bod yn anodd i'r newyddian ddod i ddygymod â hi, ac fe ddiflannodd ambell un mewn dychryn ar ôl treulio ennyd neu ddwy yn ceisio amgyffred ei maint. Ond i mi, y miloedd anweledig nas gwn amdanynt yw'r gynulleidfa hawddaf o bob un i siarad â hi. Prin y byddai unrhyw greadur, waeth pa mor swil, yn ei chael yn anodd i ymgomio â theulu o ddau neu dri ar eu haelwyd eu hunain. Dyna, wedi'r cyfan, yw'r gynulleidfa deledol.

Dull arall i gynorthwyo'r teledwr i feistroli ei ofn yw iddo geisio defnyddio maint y gynulleidfa anferthol i'w fantais ei hun. Ychydig o'r bobl hynny sy'n ofni uchder a gaiff fraw, am yr union reswm yna, wrth deithio mewn awyren. Buan y cyfyd yr awyren i'r fath uchder nes ei fod y tuhwnt i ddirnadaeth y meddwl i allu amgyffred yr ofn o syrthio. Felly hefyd faint y gynulleidfa deledu. Pwy all ddyfalu ei rhif?

Cyn ymuno â'r cyfrwng doedd gen i ddim profiad o waith cyhoeddus, o adrodd, o ganu, o bregethu, nac o annerch. Ond cyn i mi erioed wynebu fy nghynulleidfa fyw gyntaf, cefais brofiad helaeth o ymddangos ar y teledu, ac oherwydd hynny, mae'n debyg, doedd fy ansicrwydd y tro cyntaf y gwelais gannoedd yn syllu'n ôl arnaf ddim yn fy llorio'n llwyr. Ond rhaid cyfaddef nad wyf eto'n gartrefol yng ngŵydd torf weladwy, ac mae cael mintai fechan o ymwelwyr yn y stiwdio yn ystod rhaglen, hyd yn oed, yn gallu fy nhaflu oddi ar fy echel.

Ceir ambell un yn awgrymu fod nerfusrwydd yn rheidrwydd cyn ymddangos o flaen camera teledu. Dyma ffwlbri noeth, gan na all y sawl sy'n nerfus fyth fod yn gwbl naturiol. Wrth gwrs mae'n rhaid bod yn ymwybodol fod pob ymddangosiad mor bwysig â'i gilydd, ond prin y gall unrhyw un sy'n nerfus deimlo ar yr un pryd bod yr awenau yn sicr yn ei ddwylo. Mae'r geg yn mynd yn sych, mae chwys i'w deimlo yn treiglo oddi ar dalcen, ac y mae'r gwylwyr sy'n hamddena gartref mewn sefyllfa ardderchog i sylwi ar gryndod llaw neu wefus. Rhaid dod i'r casgliad mai'r bobl a fethodd drechu'r nerfusrwydd hwnnw a deimlir gan bawb ar adegau yw'r rhai sy'n mynnu ceisio creu rhinwedd o'r hyn sydd, wedi'r cwbl, yn ddim ond gwendid i'w orchfygu.

Gwelwyd ambell un yn ceisio trechu ei ofn o wynebu'r camerau drwy geisio cadernid y ddiod feddwol. Ac yn ei lyfr, *The Television Interviewer*, dywed Bryan Magee, un o holwyr miniog y rhaglen, *This Week*: "Byddai pawb o'r bron yn canfod un gwydraid yn gymorth difesur cyn wynebu'r camerau teledu. Ond fe fyddai dau yn ormod." Dichon y gallai ambell un roi perfformiad canmoladwy 'dan y ddylanwad' ond mae perygl y byddai effeithiau hyd yn oed un llymaid o alcohol yn ddigon i greu cawl o anhrefn pe digwyddai argyfwng ' ar yr awyr '. (Dŵr, felly, ac nid gwirod, sy'n llanw'r gwydrau a welir ar ddesgiau'r rhan fwyaf o gyflwynwyr a holwyr. Ni ellir tystio'n llawn mor bendant am gynnwys gwydrau'r holiedig ar rai adegau !)

Ond a derbyn mai tueddu i bylu synhwyrau'r sawl sydd ar fin ymddangos ar deledu a wna alcohol, mae tystiolaeth y gall gael effaith i'r gwrthwyneb ar ysgrif-enwyr ! Erys cof da am dri is-olygydd a dreuliodd brynhawn meddw, y dydd cyn y Nadolig un flwyddyn, yn ychwanegu pytiau am-yn-ail at sgript a ddatblygodd yn bortread canmoladwy o Christmas Evans !

Prin y gellir cynnig unrhyw gynghorion pendant i bobl sy'n awyddus i drechu'r ofn o ymddangos ar y teledu. Does ond gobeithio y bydd hir adnabyddiaeth o'r cyfrwng yn dileu'r ofn, gan roi lle i hyder y perfformiwr allu ei amlygu ei hun.

Sonia Robert Tyrrell am gyneddfau'r rhai sydd wedi llwyddo i ymateb i ofynion rhyfedd y cyfrwng yn *The Work of the Television Journalist*. Mae'n cynnig ei ddadansoddiad gydag ymddiheurad nad oes neb eto wedi gallu rhoi esboniad derbyniol o'r hyn sy'n creu perfformiwr teledu. Ond mae ef ei hun, mi gredaf, wedi dod yn weddol agos ati :

"Mae'r ' extrovert ' naturiol sy'n ymateb i eraill yn hapus a greddfol yn ei chael yn hawdd siarad i gamera. Dyma'r bobl a all gynnal sgwrs gydag iarll neu ddyn lludw, athro neu butain fel ei gilydd, a hynny heb fod yn hunan-ymwybodol o gwbl. Hwy yw'r teledwyr naturiol, er eu bod yn aml yn ddiffygiol mewn dychymyg neu benderfyniad i'w gyrru ymlaen i binacl eu crefft.

"Mae eraill yn y maes hynod hwn yn meithrin personoliaeth arbennig i'w harddangos yng ngŵydd y camerau yn unig. Gall yr un bobl fod yn greaduriaid cymhleth a niwrotig hyd yn oed, allan o gyrraedd y goleuadau llachar. Rhywsut, llwyddodd y rhain i greu argraff drwy arddangos i'r byd y rhan honno'n unig o'u personoliaeth a ganfyddwyd yn dderbyniol. Nid mwgwd mohono, ond math ar goluro a lanheir ar adegau yn unig.

"Angen y ddau fath o greadur yw dysgu techneg—nid yn unig y peirianwaith teledol a mân-driciau eu crefft—ond yr hunan-baratoad sylfaenol sy'n angenrheidiol ar gyfer pob perfformiad. Mae'r paratoi yn gyffelyb iawn i baratoad yr actor, er mai anaml y gwelir actorion yn gwneud cyflwynwyr teledu llwyddiannus. Anghenraid yr actor yw cymeriad i ymgolli ynddo ; tuedda i fod ar goll yn cyflwyno'i gymeriad ei hun."

Ond pa feddylfryd bynnag fo gan y teledwr cyson, dibynna'i barhad yn ei swydd i raddau helaeth ar ei fesur o hunan-hyder. Canfyddir mai ychydig o'r ffug-ostyngeiddrwydd hwnnw a fu'n rhan mor nodweddiadol o gymeriad y Cymro a etifeddwyd gan genhedlaeth y perfformwyr teledu !

Y mae meddwl chwim a dawn i barablu'n rhugl o'r frest yn hanfod arall i'r teledwr. Yn hwyr neu'n hwyrach, bydd yn rhaid iddo lanw amser ar ei liwt ei hun, gan siarad yn ystod yr eiliadau argyfyngus hynny pan fo ffilm yn torri neu pan fethir â chychwyn recordiad teledu. Yn wir, unwaith y sylweddolir nad yw eiliadau mewn adfyd ond yr un hyd yn union ag eiliadau hamddenol heb dystion iddynt, bron na ellir eu mwynhau ! Ond cymerodd flynyddoedd i mi argyhoeddi fy hun na pharhaodd yr un diffyg technegol y bu'n rhaid i mi ymgodymu ag e yn hwy na rhyw funud neu ddau.

Un o anfanteision ymddangos yn gyson ar deledu yw nad yw'n swydd am oes. O leia, dyna un o hoff ddamcaniaethau'r perfformwyr. Tueddant i gredu y bydd y gwylwyr, ac yn eu tro, benaethiaid y cwmnïau, yn blino ar eu hwynebau ymhell cyn iddynt gyrraedd oed pensiwn. Yn ddiddadl, cyfrwng i'r ifanc yw teledu. Anodd dychmygu cyflwynydd rhaglen ddyddiol yn ŵr neu'n wraig dros y trigain, a phwy mewn difrif a fyddai'n dymuno dal ati i wynebu'r camerau yn ddigon hir i allu disgwyl wats aur yn anrheg ymddeol ? Eto, mae'n debyg mai cam-argraff yw'r gred mai byr yw amynedd y gwylwyr at wynebau cyfarwydd. Dengys holiaduron mai ceidwadol ar y cyfan yw chwaeth y dorf. O dipyn i beth daw'r wyneb cyfarwydd yn un i ddibynnu arno, a dim ond tros gyfnod maith y megir yr un ffydd mewn wyneb newydd.

Ymhlith y manteision o ddyfod yn wyneb cyfarwydd yw parodrwydd pobl i gynorthwyo'r sawl y maent yn ei adnabod. Oherwydd hynny gall y newyddiadurwr sy'n ymddangos ar deledu yn rheolaidd ganfod ei oruchwylion beunyddiol o holi a chwilota, ac o ddefnyddio'r teliffon yn arbennig, yn llawer rhwyddach na phe bai dieithryn yn mynd ar ofyn yr un bobl. Ond mae dwy ochr i'r geiniog hon eto.

Yn fuan yn ei yrfa, rhaid i deledwr, waeth pa mor ddistadl, ddygymod â'r ffaith y bydd mewn dim o dro yn eiddo cyhoeddus, ac fe all hynny brofi'n anfanteisiol iddo wrth fynd o gwmpas ei bethau. Er nad oes unrhyw reidrwydd arno i gymysgu'n gymdeithasol daw i gysylltiad â phobl yn barhaus, a thipyn o syndod ar y cychwyn yw canfod fod llawer ohonynt yn gwybod cryn dipyn amdano. Yn wir, ni all mwyach gymryd yn ganiataol ei fod yng nghwmni pobl nad ydynt yn gyfarwydd â'i wyneb, hyd yn oed pan ymhell o'i libart ei hun ac o gylch darlledu ei gwmni. Cefais fy nal sawl tro wrth anghofio hynny, a pha deledwr sydd heb hen alaru ar glywed yr ystrydeb, "Mi fydda' i yn eich gweld chi yn amlach nag y byddwch chi yn fy ngweld i !" Efallai rhyw ddydd y bydd modd cynefino â'r amlygrwydd amheus a rydd y cyfrwng i bawb o ffyddloniaid y sgrîn fach !

Er hyn, mae pob teledwr yn llwyr ddibynnol ar ei gynulleidfa, ac mae'n bwysig iddo gadw mewn cysylltiad â hi. Dyna un anfantais o fyw yng Nghaerdydd, lle y lleolir pencadlysoedd y cwmnïau. Yn y brifddinas gellir ymddangos ar raglen deledu bob nos o'r bron heb fod yn ymwybodol o gwbl fod cynulleidfa enfawr yn gwylio. A chan fod y Cymry at ei gilydd yn gyndyn i ddatgan barn am raglenni, hyd yn oed mewn ateb i ymbilio taer am lythyrau, hawdd y gall y teledwr sy'n tueddu i gadw ato'i hun fynd yn ddifater a gwneud y peth anfaddeuol hwnnw o fynd yn hyf ar y cyfrwng.

Nod pob teledwr yw meithrin safon broffesiynol yn hytrach nag ymgreinio i lefel chwaeth dosbarth isaf ei gynulleidfa. Gellir diffinio'r safon honno trwy ddweud fod y teledwr proffesiynol yn cymryd ei waith o ddifrif, gan geisio bod yn gyson yn ei ymdrechion waeth sut y teimla ynddo'i hun. Camp broffesiynol gwbl arbennig yw cynnal safon ddigyfnewid, a hoff gwestiwn gan wylwyr yw sut y llwydda'r teledwyr i fod ar eu gorau bob nos yn ddiwahân. Dichon mai arwyddair y theatr, "The show must go on", yw'r symbyliad pennaf ond gellid tybio y byddai'n haws i newyddiadurwr fagu brwdfrydedd am raglen deledu, na'r actor sy'n ail-adrodd yr un geiriau yn feunosol. Ym myd newyddion mae'r ddrama yn wahanol bob nos. Fel pob meidrolyn arall, mae'r teledwr yr un mor debygol o gael ei boen-ydio'n achlysurol gan flinder, anhwylder corff, neu'n waeth na dim, y felan lethol. Ar adegau felly, rhaid carthu'r meddwl yn lân o unrhyw ystyriaethau am-herthnasol a chanolbwyntio'n llwyr tra pery'r rhaglen.

Yn y pen draw efallai, crebwyll y perfformiwr ei hun yw'r unig linyn-mesur sydd ganddo i ddynodi beth yw safon broffesiynol, a'r unig ffordd y gall gyrchu at y nod yw drwy efelychu rhinweddau'r goreuon o blith de-honglwyr ei grefft. Dylid cyfuno â hynny arddull bersonol a ddatblyga, fe obeithir, o'i hir-ymarfer.

Yr amatur ar y llaw arall sy'n gosod ei holl ffydd ar ysbrydoliaeth y foment gan obeithio y bydd y drefn yn dod i'r adwy mewn cyfyngder. Ond nid yw'n dilyn mai rhagorfraint y teledwr amser-llawn yw'r ddawn broffes-iynol. Mae'n eiddo hefyd i ambell un sydd ar gyrion y cyfrwng yn unig, ac mae lle i ddadlau mai dyna'r lle gorau i fod.

Adroddir stori am Patrick Moore, arbenigwr brwd-frydig y B.B.C. ar y lloer a'r sêr, ac yn fwy diweddar ar deithio'r gofod, sydd gystal ag un i gyfleu agwedd broffesiynol. Yn ystod un o'r teithiau hynny, ac yntau'n mynd i hwyl wrth ddisgrifio rhyw orchestwaith arall-fydol, hedfanodd pryf i'w geg agored ! Y dewis oedd atal ei sylwadaeth yn y fan a'r lle a chreu cryn gyffro yng ngŵydd y gwylwyr wrth geisio cael gwared o'r pryf, neu ei lyncu'n ddi-betrus heb dorri ar ei lifeiriant geiriol. Fel y byddai'n gweddu i amatur mor ddawnus ag ef, penderfynodd ar yr ail ddewis. Llyncodd y pryf. Doedd y gwylwyr ddim callach, a daeth taith yr Apollo hefyd i ben yn ddi-dramgwydd.

Prin fod gan y newyddian a wynebodd yrfa mewn teledu yng Nghymru ar ddechrau'r chwedegau unrhyw deledwr profiadol i'w efelychu. Yr unig gyfoeswyr a chanddynt brofiad helaeth y gellid elwa arno oedd y rhai a oedd yn ymddangos ar donfeddi Lloegr. O ddarnau crai digon anystywallt ac annisgybledig, felly, y bu'n rhaid i arloeswyr byd newyddiaduriaeth deledu yng Nghymru fowldio a chynhyrchu eu hunain, orau y gallent. Doedd dim traddodiad heblaw'r traddodiad llwyfan a phulpud i'w paratoi ar gyfer wynebu'r camerau, a doedd y profiad hwnnw o fawr fudd. Yn yr un modd, nid yw'n dilyn y byddai'r sawl a feistrolodd yr arddull deledol yn gwneud adroddwyr llwyddiannus neu bregethwyr argyhoeddiadol !

Yr hyn sydd yn wir, ac a bery'n ddigyfnewid byth, yw'r ffaith fod y teledwr, yn wahanol i bron bob crefftwr arall, yn gorfod dysgu ei grefft yng ngŵydd cynulleidfa anferthol. Nid yn unig y mae'n rhaid iddo ei ddysgu, ond y mae'n rhaid iddo hefyd ymarfer ei ddyletswyddau beunyddiol gerbron y cyhoedd. Y tu ôl i'r llenni, gall yr ynfytyn mwyaf neu'r diogyn pennaf ddal swydd o bwys am flynyddoedd ; ni fyddai neb ond ei gydweithwyr agosaf yn ymwybodol o'i ddiffygion. Dichon fod pob teledwr hefyd wedi dyheu ryw dro neu'i gilydd am swydd ddigyffro o'r golwg lle nad yw pob ymddangosiad yn her o'r newydd.

Y cyhoedd diderfyn yw beirniaid y teledwr, y cyhoedd i raddau yw ei gyflogwyr hefyd, oherwydd nid hir y pery teyrnasiad y rhai gwir amhoblogaidd. I'r miloedd anweledig, y mae'r wyneb cyson ar y sgrîn yn ddolen gyswllt hollbwysig â'r byd, yn gocyn hitio, yn gennad diddanwch, neu'n unig yn wyneb a berthyn i'r ' bocs ' gan gynrychioli byd rhyfedd ac afreal ymhell y tu hwnt i ddirnadaeth.

Mae cam gwag y cyflwynydd, y gohebydd, neu'r cyfwelwr teledu yn un sy'n cael ei weld gan wlad gyfan, a'i ymateb i sefyllfaoedd annisgwyl yn gallu bod yn destun siarad i filoedd. Mae'n naturiol i lawer un syrthio ar fin y ffordd ; cafodd ambell un gyfle nad oedd yn ei haeddu, ac mae llawer un arall haeddiannol wedi sefyll wrth y drws yn curo.

Mae'r ystyriaethau uchod yn burion ar gyfer pobl sy'n ymddangos yn gyson ar raglenni, ond beth am y rheini sydd ond yn debygol o gael gwahoddiad i ymddangos unwaith neu ddwy mewn oes ?

Ymhlith yr arbenigwyr sy'n cynnig cyrsiau i roi sglein ar ddelweddau teledol pobl ' gyhoeddus ', ceir gwahaniaeth barn am y modd y dylid ymddwyn gerbron y camerau. Un ddamcaniaeth yw fod techneg y teledwr proffesiynol yr un mor berthnasol i leygwyr. Yn ôl Stanley Hyland, cyn-gynhyrchydd gyda'r B.B.C. a sefydlodd gwmni ' Hyvision ' yn Llundain, "Nid ymddangos yn ddyn yw'r gamp, ond bod yn ddyn-a-chwarter !" Yn ddiamau, mae hwn yn gyngor gwerth-fawr i deledwyr sy'n traethu'n syth i lygad y camera, ond cael eu holi, ran fynychaf, wna gwesteion y rhag-lenni. Rhagorach felly yw ceisio ymddangos mor gartrefol ag sydd bosibl yn awyrgylch afreal y stiwdio. Dyna farn Huw Thomas, y bar-gyfreithiwr o Lanelli sy'n awr yn defnyddio'i brofiad teledol gydag I.T.N. i gyfarwyddo pobl ar eu hymddygiad teledol.

"Pan oeddwn yn gyfwelwr teledu," meddai, "deuthum yn ymwybodol iawn fod pobl yn ceisio meithrin delwedd dra gwahanol i'w personoliaeth naturiol.

"Gwelais yr un peth yn union yn llysoedd y gyfraith. Câi tystion eu llethu i'r fath raddau gan eu hamgylchedd nes methu'n deg â chyfleu eu safbwynt."

Eto i gyd tueddu i roi argraff wael a wna teledwr proffesiynol os digwydd iddo orfod cael ei holi ei hun gan un o'i gydnabod. Mae'n teimlo mor gartrefol nes ymddangos yn ddifater : y brawddegau slic yn llifo braidd yn rhy ffri a'r ystumiau a'r triciau i gyd yn dod yn rhy rwydd i fod yn reddfol. Mae'r sawl sy'n ymdrechu i greu'r argraff ei fod yn naturiol, yn sicr o fod yn aflwyddiannus. Gall yr ymwybyddiaeth o'r ymdrech ynddi ei hun fod yn ddigon i brofi'r methiant.

Dysgu pobl i ddatgan eu safbwynt yn effeithiol yw nod y cyrsiau a gynigir yn yr ' ysgolion ' Llundeinig crand ac yng ngholeg teledu'r Thomson Foundation yn Glasgow lle'r anfona llawer o'r cwmnïau mawrion eu penaethiaid am hyfforddiant. Gyda therfysg ar garreg ein drws yng Ngogledd Iwerddon, fe benderfynodd y fyddin hefyd fod angen lladmeryddion, yn ogystal â magnelwyr, i gyfiawnhau ymladd rhyfel ym Mhrydain. Sefydlwyd uned deledu yn Beaconsfield, Swydd Buckingham, i gyfarwyddo swyddogion sut i ateb ymholiadau mynych gohebwyr radio a theledu. I'r un ysgol yr anfonwyd Mark Phillips i ddysgu sut i beidio ag ymddangos fel gwlanen pan sylweddolwyd fod yr ymarweddiad a swynodd y Dywysoges Anne yn creu argraff llai ffafriol ar y cyhoedd.

Byddai'r cyfarwyddiadau a roddir gan gyrsiau hyfforddi fel hyn yr un mor berthnasol i'r Cymry Cymraeg a wahoddir i ymddangos yn feunosol ar *Y Dydd* a *Heddiw*.

Naturioldeb fo'r nod, a'r peth cyntaf i'w gofio yw siarad ym mha dafodiaith bynnag sydd fwyaf naturiol. Argraff ffug eithriadol hefyd a roir gan bobl sy'n ceisio siarad fel llyfrau. Clywir rhai'n dweud "maent", "byddant" neu "yr ydym", pryd y byddai ystwytho'r geiriau yn gweddu yn lawer gwell ac yn taro'r glust yn fwy naturiol.

Prin fod angen dweud mai ar yr holwr yn hytrach nag ar y camera y dylai'r siaradwr edrych yn ystod cyfweliadau. Er hyn, cofir am ddarpar-ymgeisydd i un o'r pleidiau gwleidyddol sy'n mynnu syllu'n syth i'r camera, drwy gydol ei ymddangosiadau cyson. Ni fydd yn arddel ei holwr ond wrth wrando ar gwestiwn. Amcan pob gwleidydd wrth gwrs yw creu argraff ar yr etholwyr. Ond yn ystod cyfweliad teledu taro'r post a ddylid, gan obeithio fod y pared yn gwrando !

Arfer a ddirmygir gan deledwyr yw clywed pobl yn galw'u holwyr wrth eu henwau'n barhaus. Ran fynychaf, golyga fod siaradwr yn ansicr o'i bwnc a'i fod felly'n gorfod crafu i lanw amser. Gellid awgrymu hefyd mai dim ond ar yr adegau prin pan fyddai'n weddol amlwg i gyfran helaeth o'r gwylwyr fod adnabyddiaeth wirioneddol dda rhwng siaradwyr y dylid caniatau "ti" a "tithau" fel ffurfiau cyfarch derbyniol. Yn yr un modd, wrth holi plant, dylid gochel y ffurf "ti", rhag rhoi'r argraff o ' siarad i lawr '. Tuedd plant yw ymateb yn llawer gwell wrth gael eu trin fel oedolion. I bobl yn eu harddegau, yn arbennig, mae hunan-barch yn gysegredig.

Sut felly mae cynnal perthynas ffurfiol ac ymddangos yn gwbl naturiol yr un pryd ? Prin fod unrhyw gyfrwng arall yn hawlio'r fath ddeuoliaeth wrth i ddyn gyflawni gorchwyl. Eto mae'n hollol bosibl, fel y profa'r rhai a lwydda.

Y gyfrinach yw ceisio derbyn amgylchedd a ystyriai'r rhan fwyaf o bobl yn arall-fydol mewn ffordd mor ddidaro ag sydd bosibl. Rhaid sylweddoli i ddechrau y bydd trefnwyr unrhyw raglen newyddion yn rhy brysur erbyn diwedd y prynhawn i wneud fawr mwy na chynnig paned o de i'w gwesteion. Byddai'n werth cofio bod ffermwyr gwritgoch yn ogystal â chantorion opera yn cael eu coluro cyn ymddangos ar raglenni, a phrofiad digon difyr yw hwnnw. Pan eir i mewn i'r stiwdio nid oes unrhyw achos i deimlo swildod yng ngŵydd yr holl wahanol bobl a fydd yn gwibio o gwmpas y lle. Bydd pawb â'i orchwyl ei hun, a lleiafrif o ' bobl llawr ' y stiwdio fel rheol sy'n siarad Cymraeg. Tra pery'r sgwrs bydd y lle yn dawel fel y bedd, ond gofynion y cyfrwng yn hytrach na diddordeb yn y pwnc dan sylw sy'n gyfrifol am hynny. Prin fod neb ac eithrio'r holwr yn gwrando'n astud iawn ar y cyfweliad. Dylai anniddigrwydd gweladwy'r holwr fod yn rhybudd digonol i unrhyw siaradwr pan fo amser y sgwrs yn dirwyn i ben. Ond cyn dechrau cyfweliad bydd rhai holwyr yn rhybuddio'u gwesteion i ddisgwyl rhyw arwydd cyfrin pan ddaw'n bryd tewi. Mewn ymgom y tu ôl i ddesg, gellid trefnu bod yr holwr yn rhoi pwn ysgafn i goes y siaradwr, er enghraifft. Unig berygl y trefniant hwnnw yw y byddai gor-frwdfrydedd â blaen y droed yn debyg o amlygu'i hun ar wyneb y siaradwr ! Ar derfyn y cyfweliad hefyd, dangosir pa mor gyfarwydd yw siaradwr â chael ei holi. Fel arfer, bydd y newyddian yn hael ei ddiolch i'w holwr, ond tuedd y profiadol yw eistedd yn llonydd a dweud dim !

Ddewch Chi 'Mewn ?

Yn nyddiau cynnar teledu yng Nghymru, ychydig o gamp oedd perswadio pobl i ymddangos ar raglenni Cymraeg. Eithriadau oedd y rhai a fyddai'n gyndyn i neidio i'w ceir ar foment o rybudd a gyrru, hyd yn oed o bellterau'r Gogledd, i gymryd rhan mewn sgwrs neu drafodaeth yng Nghaerdydd y noson honno. Ymhlith pobl y cyfryngau, bodolai hen agwedd afiach mai dyletswydd y rhai a gâi wŷs oedd cydymffurfio'n ddi-gwestiwn. Onid eu braint oedd cael y cyfle, ac onid eu dyletswydd oedd ufuddhau ?

Ond bellach, pallodd swyn yr alwad. Erbyn heddiw, prin yw'r Cymry Cymraeg nas gwelwyd rywdro neu'i gilydd ar y sgrîn fach, naill ai fel arbenigwyr, fel cystadleuwyr mewn cystadleuaeth holi, yn bobl ar y stryd a frawychwyd yn ddi-rybudd gan gwestiwn dwl, neu losg, o bwys i genedl ddisgwylgar, neu yn unig yn wynebau mewn cynulleidfa stiwdio. Yn Lloegr, ac yn wir ymhlith y Cymry di-Gymraeg, mae pethau'n dra gwahanol. Cyfartaledd isel iawn ohonynt hwy sy'n cael y cyfle, hyd yn oed i ddod i led-adnabod y cyfrwng ; ffynhonnell dirgelwch yw stiwdio, a gwrthrychau parchedig ofn yn aml yw'r bobl y gwelir eu hwynebau yn gyson yng nghorneli eu hystafelloedd.

Gyda diflaniad y chwilfrydedd ynglŷn â theledu ymhlith y Gymry Cymraeg, daeth angen perswâd neu gymhellion ariannol i ddenu arbenigwyr dilys i'r stiwdio ar fyr rybudd. Ond mae'n rhaid eu cael. Dros y blynyddoedd datblygodd chwaeth y gynulleidfa. An-nerbyniol bellach yw disgwyl i'r sawl a dreuliodd bythefnos yn torheulo yn Sbaen, dyweder, i allu traethu'n ddoeth am argyfwng gwleidyddol yn y wlad honno.

Amlygir gwendid y dull o geisio gwneud cyfiawnder â newyddion byd-eang drwy gyfrwng y Gymraeg pan orfodir y rhaglenni i anwybyddu argyfwng pwysig mewn ambell wlad oherwydd diffyg siaradwyr yn y fan a'r lle. Ar yr un pryd rhoir sylw afresymol i faterion llai pwysig mewn gwledydd eraill yn unig am fod Cymry ar gael yno. Ceir chwilio parhaus am Gymry mewn swyddi allweddol, neu Gymry'n byw mewn mannau strategol, ac mae ymgiprys iach rhwng y sianelau am wasanaeth sylwedyddion a brofwyd yn rhai derbyniol.

Camp arbennig gan dîm *Y Dydd* fu canfod mai bachgen o Fangor, Tecwyn Roberts, oedd un o brif swyddogion N.A.S.A. yn yr Unol Daleithiau pan laniodd y ddau ddyn cyntaf, Neil Armstrong ac Edwin Aldrin, ar y lleuad ym 1969. Ond mae gŵr arall o Fangor yn enghraifft deg i ddarlunio oferedd yr arfer o ymdrechu'n rhy galed i fynd at lygad y ffynnon i ganfod siaradwyr. Pan hwyliodd y ' Queen Elizabeth II ' ar ei thaith gyntaf, bu'n rhaid i mi gynnal sgwrs ar y teliffon gyda'r ail bobydd a'r llong yng nghanol Môr Iwerydd !

Diolch i'r drefn ei fod yn sgwrsiwr ffraeth a doniol. Dro arall, pan drawsblannodd y Dr. Christian Barnard ei galon gyntaf, clywyd fod merch o Gonwy yn nyrs yn ysbyty Grootë Schuur. Ond ni wyddys hyd heddiw pa mor rugl oedd ei Chymraeg gan mor anwadal oedd y llinellau teliffon i Dde Affrica y diwrnod hwnnw !

Beirniedir cynhyrchwyr rhaglenni Cymraeg am fynd ar ofyn yr un arbenigwyr bob tro. Gweir hynny, ond nid oes dim yn nodweddiadol Gymreig yn yr arferiad. Heb fod ganddynt unrhyw broblem ieithyddol i ymgodymu â hi, at yr un bobl y try cwmnïau mawrion Lloegr yn ogystal am eu harbenigwyr ar y gyllideb, er enghraifft, neu ddiweithdra neu argyfwng Ulster. O weld yr un arbenigwyr yn barhaus, daw'r gwylwyr yn gyfarwydd â'u tueddiadau a'u safbwyntiau gwleidyddol, —a phwy sydd heb ei ragfarnau ? Gwell hynny na wyneb newydd bob tro a dim ond ychydig funudau i benderfynu beth yw ei agwedd bersonol yn ogystal â dirnad ei ddatganiadau ffeithiol. Byr-hoedlog fu arhosiad un arbenigwr gwleidyddol golygus y daeth yn ffasiynol i'w ddefnyddio ar un adeg oherwydd ei huotledd a grym ei bersonoliaeth ddeniadol. Sylweddolwyd ar ôl ymddangosiad neu ddau na allai edrych ar bopeth ond trwy wydrau un sbectol, a phan glywyd si fod ganddo uchelgais wleidyddol ei hun yn ogystal, daeth ei deyrnasiad i ben yn ddisymwth.

Yr ' arbenigwr ' sy'n rhoi enw drwg i'w gymheiriaid yw'r un sydd yn cychwyn yn dalog fel llefarydd medrus ar un pwnc, ac yna'n sylweddoli mor arwynebol yw gofynion y cyfrwng. Dros nos, try hwn yn ' instant pundit,' Gan y bydd fel arfer yn "gymorth hawdd ei gael mewn cyfyngder," mae tuedd o fewn y cyfryngau i roi iddo fwy o le na'i haeddiant. Mae ambell un o'r arbenigwyr parod yn llwyr-ymwybodol o'r rhan y disgwylir iddynt ei chymryd ac yn barod i gyfaddef mai'r papurau Sul swmpus, *New Society*, y *Times Ed.* neu *Newsweek* yw terfynau eu maes llafur.

Mae eraill yn rhy fawreddog neu hunan-dybus i gydnabod dim o'r fath. Unwaith darganfuwyd blodeuyn hynod o brin yn un o'r parciau cenedlaethol. Ganol haf oedd hi'n naturiol,—cyfnod pan fo'r cyfryngau'n ddi-wahân yn crafu am eu newyddion. Gofynnwyd i naturiaethwr a gytunai i ddod i'r stiwdio i drafod hynodrwydd y planhigyn.

"Wn i mo'r nesa peth i ddim amdano," meddai ar y ffôn, "ond os gallwch chi ddod o hyd i'w hanes i mi, yna fe ddôf innau i Gaerdydd i sôn amdano!"

Tra bu'r gŵr yn moduro'n hamddenol o'i gartref pellennig, roedd un o ymchwilwyr y rhaglen yn treulio prynhawn poeth yn ymlafnio drwy gyfrolau trwchus prif lyfrgell Caerdydd. Ar derfyn y prynhawn, cyflwynodd ffrwyth ei lafur i'r arbenigwr gyda chryn ddirmyg, a chafodd hwnnw dâl a chostau am huotla'n ddeheuig am rywbeth na wyddai ddim oll amdano.

Camp anoddaf yr ' arbenigwyr ' hyn yw llwyddo i gadw parch tuag at y cyfrwng ; anodd yw parhau'n dwyllwr llwyddiannus am gyfnod hir, ac nid oes dim yn sicrach o godi gwrychyn y gwyliwr, nag agwedd drahaus, fawreddog. Ar deledu mae un llithriad yn ddigon i danseilio chwedl, ac i daflu amheuaeth ar ddilysrwydd y sawl a fu'n ddifater wrth wneud ei waith cartref cyn cyrraedd y stiwdio.

Pobl y gellir dibynnu arnynt i ymddangos ar raglenni heb nemor ddim perswâd yw'r gwleidyddwyr. Y dyddiau hyn, pan beidiodd areithiau huawdl â chreu argraff ar neb ond y rhai sy'n ddigon hen i gofio diwygiad 04-05, y teledu yw'r arf mwyaf effeithiol posibl. Tuedd rhai gwleidyddwyr yw mesur maint eu llwyddiant yn ôl nifer eu hymddangosiadau. Cymaint yw'r pwysigrwydd a ddyry'r tair brif blaid Brydeinig ar ddelwedd deledol eu pobl, fel y gosodwyd cyfarpar teledu mewnol yn eu pencadlysoedd Llundeinig. Gerbron y camerau preifat hyn gall y gwleidyddwyr ymarfer eu hareithiau a'u hymarweddiad teledol nes bod pob osgo'n berffaith.

Nid hel esgusodion dros beidio ag ymddangos ar raglenni ond cwyno fod hwn a hwn yn ymddangos yn amlach na hwy yw byrdwn arferol yr aelodau seneddol. Perthynas ochelgar sy'n bodoli rhyngddynt a'r teledwyr, yn arbennig felly yng Nghymru gan fod yr iaith yn cyfyngu ar nifer y rhai a all ymddangos ar raglenni Cymraeg. Buan y daw'r teledwr i adnabod yr aelodau Cymraeg i gyd, ac adnabyddiaeth yw hi sy'n llawer mwy clos na'r un sy'n arferol, neu'n angenrheidiol, rhwng gohebwyr papur newydd a gwleidyddwyr. Yn union fel y caiff plant ysgol wedd newydd ar eu hathrawon ar ôl mynd i'r chweched dosbarth, dadrithiad cyffelyb yw canfod mai meidrolion digon cyffredin yw'r seneddwyr hwythau. Ar y sgrîn mae'n rhaid cynnal y ddelwedd ffurfiol ac argyhoeddi fod popeth o'r pwys mwyaf ond rhyddhad yw canfod fod ambell wleidydd yn gallu ymlacio yn y dirgel a thrin problemau'r wlad, a hyd yn oed ei ddelwedd ei hun, yn ysgafn weithiau.

Y rheswm mwyaf cyffredin a gynigir gan y bobl sy'n gyndyn i ymddangos ar raglenni yw nad yw eu Cymraeg yn ddigon rhugl. Ymhlith pobl y De yn arbennig mae hwn yn esgus chwedlonol. Tybed ai grym rhethreg pregethwyr Cyrdde Mawr yn dod lawr o'r ' North ' slawer dydd a fu'n gyfrifol am y cymhlethdod taeog a berthyn i gynifer o Ddeheuwyr hyd heddiw ? Camp fawr y teledwr, yn enwedig os yw'n Ogleddwr ei hun, yw darbwyllo pobl y De nad oes dim yn ddiffygiol yn eu Cymraeg ; nad yw ' iaith y North ' yn rhagori mewn unrhyw ffordd ar Gymraeg y De. Ni cheir dim o'r ymesgusodi ffôl yma ymhlith pobl y Gogledd. Ran fynychaf, y gwrthwyneb sy'n wir, a sŵn digon amhersain a wna Gogleddwr pwysig yn ymdrybaeddu yn ei acen agored, gefn-ceg, gan ymffrostio ym mhurdeb ei Gymraeg. Mae'n anodd penderfynu beth sydd fwyaf cyfoglyd : ai hynny, ynteu gwrando ar wenieithio didrugaredd staff y cwmnïau darlledu yn ceisio argyhoeddi pobl i ymddangos ar raglenni, pan fyddai'n well bod hebddynt.

Bydd rhai pobl yn cwyno am ddiffyg rhybudd digonol cyn gofyn iddynt ddod i'r stiwdio, a rhaid cyfaddef fod peth sail i'r gŵyn honno. Ond gan y paratoir rhaglenni newyddion ar frys ac amgylchiadau'n deddfu yn aml fod rhaid newid cynnwys a rhediad rhaglen yn hwyr yn y dydd, nid oes nemor ddim y gellir ei wneud i leddfu'r boen. Ymddengys fod amaethwyr Cymru yn deall y problemau i'r dim ! Mae bywyd y ffermwyr yn un sy'n cael ei reoli i'r fath raddau gan y tywydd a phob math o amgylchiadau cyfnewidiol fel bo'r rhan fwyaf ohonynt wedi gorfod meithrin agwedd iach, ffwrdd-â-hi tuag at eu rhawd. Tuedd pobl felly yw gwneud y gorau o'r gwaethaf, a bod yn barod i roi cynnig ar gyrraedd y stiwdio mewn pryd, pan fo pob rheol yn deddfu fod hynny'n amhosibl.

Cofiaf gadair wag ar gychwyn sawl rhaglen a lanwyd cyn ei diwedd gan Myrddin Evans neu Meurig Rees o'r undebau amaethyddol, a hwythau'n ymddangos yn fwy hunanfeddiannol na'u holwyr er bod olwynion eu ceir yn dal i fygu y tu allan i ddrws y stiwdio !

Dadl arall a ddefnyddir yw fod angen amser i baratoi cyn mentro o flaen y camerau. Esgus dilys eto, er bod ambell un wedi llwyddo'n rhyfeddol i lanw tri munud a mwy gyda chymorth papur newydd ar ei lin. Ond os mai diffyg gwybodaeth o bwnc sy'n rhwystr i rai, gormodedd o wybodaeth sy'n llesteirio eraill. Rheini sy'n dadlau nad yw tri neu bedwar munud yn hanner digon i wneud cyfiawnder â'u haruchel statws. Yn yr un dosbarth y ceir y bobl sy'n hoffi cymryd amser maith cyn cydsynio i ymddangos ar raglen. Ymhyfrydant, mae'n debyg, yn y seboni a wneir ar yr adegau hynny, a beth sy'n well i ' ego ' 'r arbenigwr na chael teledwr mor hunan-dybus ag ef ei hun yn ymgreinio am ei wasanaeth?

Ceir enghreifftiau o weithwyr yn gorfod gwrthod

ymddangos am iddynt fethu cael caniatâd eu meistri. Dialedd fel arfer yw symbyliad rhesymeg felly gan feistr a deimla mai ef, ac nid ei was, a ddylai gael y cynnig. Ef a'i câi, yn ddiddadl, pe bai'n gallu siarad iaith y rhaglen.

Diwedd y gân yw'r geiniog wedi'r cwbl,—yn fwy felly mewn teledu nag mewn llawer maes arall, ond rhaid wrth gymwysterau neu ymdrech go anarferol i gael gan y cwmnïau i dalu mwy na'r hyn sydd arferol. Yr aelodau seneddol yn unig sy'n gweithredu math undebol o reol i sicrhau cydnabyddiaeth gyfartal a chymwys iddynt i gyd. Ond nid oedd y swm hwnnw, hyd yn oed, yn ddigon i un gweinidog o lywodraeth Lafur Harold Wilson. Gwrthododd ymddangos heb ddyblu'r tâl i drafod mater yn ymwneud â'i etholaeth Gymreig, yn hytrach nag yn rhinwedd ei swydd weinidogaethol. Teg yw ychwanegu nad un o'r Cymry Cymraeg ydoedd, a phleser yw cael cyhoeddi mai ei wrthod a gafodd.

I'r pegwn eithaf oddi wrth y math yna o ffuantrwydd y mae carfan arall o bobl na wnaeth dyfodiad y teledu ddim ond drwg iddynt. Daeth yn arferiad i greu ffigyrau cwlt o hen gymeriadau hoffus. Mae llawer gwladwr, a ddaeth i sylw cynhyrchwyr am fod ei arabedd fel lli'r afon, wedi cael ei wasgu'n hesb mewn dim o dro gan gyfrwng sydd ag archwaeth mor ddi-ball am ddefnydd newydd. Trist yw gweld ambell hynafgwr a gychwynnodd yn addawol yn cael ei annog i ddal ati ymhell wedi i'w stôr o hanesion am oes aur ddiflanedig a throeon trwstan bro gael eu dihysbyddu. Ers talwm, doedd dim prinder ' gwerin ffraeth '. Gyda'r blynyddoedd y sylweddolwyd fod ' cymêrs ' credadwy yn adar prin. Gobeithio nad trefnwyr rhaglenni teledu fydd yn gyfrifol am eu diflaniad o'r tir.

Y Dyn Rwber

"Cyffelybwch fi i ddyn a wnaed o rwber," meddai swyddog cyhoeddusrwydd a chysylltiadau cyhoeddus un o'r cwmnïau mawr wrth ddisgrifio'i waith. "Anghenrhaid pennaf fy swydd yw'r gallu i gymryd fy sathru dan draed, i ddioddef bod yn gocyn hitio gan bawb, ac eto i ddod drwy'r cwbl yn ddianaf." Swydd y P.R.O. (Press neu Public Relations Officer) yw'r fwyaf cyfoes o blith yr amryfal swyddi newyddiadurol, a daw'n fwy a mwy ffasiynol i gwmnïau masnachol, i gynghorau lleol, ac i awdurdodau cyhoeddus fel yr heddlu ac adrannau o'r llywodraeth i'w penodi. Pwrpas y swydd yw ffurfio dolen gyswllt rhwng yr awdurdodau hyn a'r cyhoedd ; i gyflwyno gwybodaeth am eu gwaith, ac i wneud datganiadau am eu polisïau fel y bo'r angen.

Gynt, arferid meddwl y gwnâi unrhyw un y tro i ateb y diben hwnnw, ond o dipyn i beth, sylweddolwyd fod angen arbenigrwydd i feithrin delwedd iach ac i osgoi troeon trwstan wrth gyfathrebu â'r cyhoedd. Os mai cyflog sy'n adlewyrchiad o werth, yna mae'n amlwg bod y cyfundrefnau a fu'n ddigon goleuedig i benodi swyddogion cysylltiadau yn teimlo erbyn hyn eu bod wedi buddsoddi'n ddoeth. Gall swydd P.R.O. fod gyda'r frasaf y gall newyddiadurwr cyffredin ymgyrchu ati, a chan fod cymaint o'r gwaith, o anghenrhaid, yn golygu cymysgu â phrif swyddogion y cwmnïau, nid yw'n rhyfedd yn y byd fod rhai swyddogion cyhoeddusrwydd wedi dringo i uchelfannau byd busnes a bywyd cyhoeddus.

Prif amcan y swyddog cyhoeddusrwydd yw hybu enw da ei gyflogwr : gofalu bod cynnwys y ffenestr yn argoeli'n dda, hyd yn oed os nad yw'r hyn sydd yn y siop bob amser yn gwireddu'r addewid ! Wedi'r cyfan, awydd pennaf pob awdurdod cyhoeddus a chwmni busnes yw argyhoeddi'r cyhoedd fod eu delwedd yn ddilychwin ac mai buddiannau'r bobl sy'n talu eu cyflogau a gaiff yr ystyriaeth flaenaf ganddynt bob tro. Weithiau, mae'r ddelwedd yn pylu ac ar adegau felly daw'r swyddog cyhoeddusrwydd i'r adwy i wneud y gorau o'r gwaethaf, drwy wynebu ffeithiau a syrthio ar fai. Mae'r cyhoedd yn gwerthfawrogi gonestrwydd cyfundrefn sy'n barod i gydnabod ei methiant ac i ddatgelu'r holl ffeithiau tu ôl i'r methiant hwnnw. Ond o gofio mai gwneud arian yw nod pennaf pob cwmni cyfalafol yn y pen draw, mae angen dychymyg rhyfeddol ar ran y swyddog cysylltiadau ar brydiau i beri i gytundeb amheus ymddangos yn gymwynas hael.

Y fantais bennaf a gaiff cwmni sy'n penodi rhywun i achub eu cam yw y gall hynny ddileu'r demtasiwn i ateb unrhyw ymholiad â'r ddau air syml ond damniol, "No comment." Dyna'r geiriau a ddaeth yn ffasiynol i'w lluchio at ohebwyr ar bob math o achlysuron : weithiau fel ymdrech ddiniwed i gael llonydd ar adeg o brysur bwyso, ond dro arall fel esgus i geisio troi gohebydd oddi ar drywydd stori am fwnglera mewn uchelleoedd neu sgandal a fyddai o ddiddordeb cyffredinol. Tuedd reddfol y newyddiadurwr da yn wyneb y fath ymateb yw synhwyro fod rhywbeth mawr yn cael ei gelu, a mynd ati, gyda pheth cyfiawnhad, i ysgrifennu stori ddamcaniaethol, yn seiliedig ar wybodaeth sigledig a thybiaethau'n unig. Dichon na fydd ei ' ffeithiau ' yn hollol gywir, a byddai gan wrthrych y stori reswm digonol tros gwyno a hyd yn oed tros fynd â'r gohebydd a'i bapur i gyfraith. Ar y gorau, rhoddai sefyllfa felly derfyn ar y berthynas rhwng y wasg a'r sawl a gafodd gam. Megid ofn ac amheuaeth. Ond anwybodaeth yw gwreiddyn amheuaeth. Mae amheuaeth yn creu ofn a hwnnw'n meithrin casineb.

Dylai'r swyddog cyhoeddusrwydd allu dileu'r ofn hwnnw gyda'i adnabyddiaeth o'r ffordd y mae'r cyfryngau torfol, cyfathrebol yn gweithio. Gall môr o'i eiriau ef ymddangos yn ddatganiad gwerthfawr, er nad ydynt mewn gwirionedd, efallai, ond rhith hir-wyntog.

Yn sicr, mae dweud rhywbeth yn tra rhagori ar am-harodrwydd i ddweud dim. Dyletswydd y swyddog cyhoeddusrwydd yw bod wrth law bob awr o'r dydd a'r nos i ateb ymholiadau o bob math ac i gynghori pen-aethiaid ei gwmni sut i ymddwyn mewn cyfweliad radio neu ymddangosiad teledu. Dylai gynghori ond ni ddylai ymddangos ei hun, os oes mwy na datganiad syml i'w ddraddodi. Mae gan y cyhoedd bob cyfiawnhad tros ddisgwyl cael manylion am unrhyw bwnc sylfaenol yn ymwneud â pholisi o lygad y ffynnon,—o enau llunwyr y polisiau eu hunain. Mantais ddi-fesur i unrhyw gwmni, fel i bob plaid wleidyddol, yw bod ag arweinydd sy'n lladmerydd credadwy yn ogystal â bod yn wein-yddwr effeithiol.

Pan fo safbwynt i'w ddatgan, gwaith y gohebwyr yw gofyn amdano. Cystal awgrymu felly, y talai i bawb, hyd yn oed pobl y tu allan i fyd busnes a chylchoedd cyhoeddus, ddysgu sut y dylid ymateb i gais rhesymol am wybodaeth. Yn annisgwyl, gallai unrhyw un ohonom gael ein hunain yn ganolbwynt sefyllfa sydd y tu hwnt i'n rheolaeth, a'r camerau a welwyd yn anelu at ryw greadur arall mewn cornel yn troi i'n cyfeiriad ni. Golygfa gyfarwydd ar deledu yw gweld rhywun yn rhuthro'n wyllt heibio i ohebwyr gan fwmian nad oes yna dim i'w ddweud. Pe bai hynny'n wir, ni fyddai'r gohebwyr yno'n holi. Ar yr un pryd, efallai bod rhesymau cwbl dderbyniol tros fod yn dawedog. Y polisi gorau ar adegau felly yw egluro hynny : cydsynio i roi cyfweliad byr hyd yn oed os yw siarad â ' chiwed y wasg ' yn syniad gwrthun ar y pryd. Ni fyddai'n ofynnol gwneud mwy na llunio brawddeg neu ddwy i ddatgan parodrwydd i ddeall fod y gohebwyr yn awyddus i gael gwybodaeth, ond ar yr un pryd egluro'n gryno ac yn gwrtais pam ei bod yn amhosibl trafod y mater. Byddai un ateb syml felly, na chymerai fwy na hanner munud i'w ddraddodi, yn rhoi taw ar gwestiynau

ffôl, ac yn arbed y posibilrwydd o erledigaeth gan oheb-
wyr am ddyddiau.

Pe bai aelodau tîm rygbi Abertawe wedi deall rhyw
gymaint am hanfodion cysylltiadau cyhoeddus, gellid
bod wedi arbed llawer o'r drwg-deimlad a fu rhwng y
clwb a'r wasg ar achlysur taith anffodus y clwb i'r
Eidal yn Hydref 1972. Dyna pryd y carcharwyd pump
o'r chwaraewyr ar gyhuddiad o ymosod ar dri phlismon
yn Rhufain. Am ddyddiau, deuai adroddiadau cymysg i
law am yr hyn a ddigwyddodd, a disgwyl mawr drwy
Gymru benbaladr am ddychweliad gweddill y tîm i
roi'r dehongliad 'swyddogol' o'r stori. Yn naturiol,
roedd llu o ohebwyr ym maes awyr Heathrow yn
disgwyl am yr awyren o'r Eidal, ac ymddengys fod
cydymdeimlad y cyhoedd gyda'r bechgyn a adawyd ar
ôl. Ond croesawyd cwestiynau'r wasg ag ebychiadau,
rhai ohonynt yn amhrintiadwy, a gwthiwyd un o
ohebwyr y B.B.C. oddi ar y bws a oedd yn disgwyl i
gludo'r bechgyn yn ôl i Gymru. Yr un ymateb gwrth-
nysig a gafwyd ddyddiau wedi hynny pan ryddhawyd y
pum carcharor. Roedd hyn i gyd yn creu amheuaeth
fod sail i'r adroddiadau bratiog cyntaf am yr hyn a
ddigwyddodd y tu allan i dafarn yn Rhufain yn oriau
mân un bore. Ond dyma dîm Abertawe, yn chwaraewyr
ac yn swyddogion, wedi colli cyfle ardderchog i gael
penrhyddid y cyfryngau cyfathrebu i gyflwyno'u stori
hwy. Byddai dewis un cynrychiolydd rhesymol i siarad ar
ran y tîm i gyd wedi arbed wynebau pump o fechgyn ar
adeg pan oedd eu delwedd mewn perygl.

Annheg fyddai disgwyl i bob clwb rygbi gyflogi
swyddog cysylltiadau cyhoeddus ond nid oes prinder
cwmnïau sy'n cyflenwi gwasanaeth cyhoeddusrwydd i'r
sawl a'i mynn. Yn gwsmeriaid i gwmnïau o'r fath, fe
geir amrywiaeth o fân-gyfundrefnau a mudiadau, nad
ydynt yn ddigon cryf a chefnog i gyflogi swyddog
cyhoeddusrwydd amser llawn, ond sydd er hynny'n
poeni am eu delwedd. Yn yr un modd, gall unigolion

fynd ar ofyn y cwmnïau hyn, ac mae aelodau seneddol, gwŷr y gyfraith, awduron a "phersonoliaethau" o bob math wedi sylweddoli erbyn hyn ei bod hi'n talu (ac y gall gostio'n ddrud !) i gael rhywun i guro'u cefnau'n gyhoeddus ac yn barhaus.

Yn y pegwn arall, yn uchelfannau chwaraeon rhyngwladol ac ym myd y ffilmiau'n arbennig,—mae delweddau'r "sêr" ynddynt eu hunain yn werthfawr, ac fe'u gwerthir, yn union yn yr un modd ag y gwerthir petrol neu bowdwr golchi ar ran cwmni masnachol. Yr unig wahaniaeth yw mai cynhyrchion cyson a chyfansawdd yw petrol neu bowdwr golchi. Ar eu gorau, ni all eu gwerthwyr wneud mwy nag argyhoeddi'r cyhoedd i fynd ati i'w prynu. Mae angen agwedd ychydig yn wahanol i fawrygu delwedd i'r fath raddau ag i'w throi'n fenter broffidiol. Yn gyntaf, mae'n ofynnol i'r cyhoedd fod wedi dewis eu harwyr. Daw cyfle'r cwmnïau cyhoeddusrwydd pwerus bryd hynny i chwyddo eu hapêl yn fwy fyth. Mae'r ' agents ' yn gallu gofyn arian mawr am gael yr "arwyr" i ymddangos yn bersonol a rhoi benthyg eu henwau i amryfal gynhyrchion masnachol. Os yw'r peirianwaith yn effeithiol, bydd y "sêr"—a'u meithrinwyr—yn bobl gefnog iawn mewn dim o dro. Gallai cwmni cyhocddusrwydd ofalu na fyddai delwedd Barry John, y dyn, yn pylu dim tra pery cof y cyhoedd am ei ddewiniaeth hudol ar y cae rygbi. A chwmni cyhoeddusrwydd a oedd yn gallu sicrhau'r nofiwr Mark Spitz, ar derfyn Olympiad Munich 1972, y gallai ennill miliwn o ddoleri o fewn blwyddyn ond iddo aberthu ei statws amatur. Mewn gwirionedd, enillodd bum miliwn mewn pedwar mis !

Cul fel yna yw'r ffin rhwng gwerthwyr nwyddau a swyddogion cyhoeddusrwydd, a rhwng swyddogion cyhoeddusrwydd a gohebwyr y wasg a'r teledu. Does dim rhyfedd felly mai gwrthun i rai newyddiadurwyr yw dyletswyddau eu cymheiriaid a ddewisodd faes llafur y dyn ' P.R. ' Dryllio delwau yn hytrach na'u clodfori yw anian gwŷr y wasg, ac i'r rhai ohonynt sy'n ystyried eu rhawd y tu hwnt i ddylanwad gwlad a grym arglwydd, mae rhywbeth yn nawddogol, os nad yn anonest, mewn ennill bywoliaeth wrth chwythu cyrn ac ymgreinio i alwadau biwrocratiaeth a chyfalafiaeth.

Mae'r ymdeimlad hwn yn tarddu o agwedd a feithrinir yn gynnar mewn gyrfa newyddiadurol mai rhywbeth israddol i ohebydd cydwybodol yw gorfod ymhel ag adran hysbysebu ei bapur. Ond mewn gwirionedd fe ddigwydd hynny'n weddol gyson, oherwydd un o'r gorchwylion llafurus a ddaw i ran gohebydd ifanc ar bapur lleol yw'r gwaith o baratoi broliannau hirion am gwmnïau masnachol. Wrth ddathlu ei ganmlwyddiant, dyweder, bydd cwmni'n penderfynu prynu tudalen o'r papur lleol i hysbysebu arni. Rhan o'r fargen yw cael addewid y bydd adran olygyddol y papur yn anfon gohebydd i wneud adroddiad (un hollol wrthrychol a di-duedd, wrth gwrs !) yn olrhain hanes sefydlu'r cwmni, gweledigaeth ei sylfaenydd, llwyddiant y cwmni dros y blynyddoedd, ynghyd â phortreadau teilwng o uchel-offeiriadaeth bresennol y gyfundrefn. Gan y bydd adran hysbysebu'r papur yn gofalu na oddefir gair o feirniadaeth anffafriol mewn erthyglau felly, nid yw'n anodd deall tuedd y newyddiadurwr i wrthryfela yn erbyn eu hysgrifennu. Dadleua mai amhosibl yw bod yn ddi-dderbyn-wyneb pan fo gwerthwr gofod o'r adran hysbysebu yn anadlu i lawr ei war gan ei atgoffa o ffynhonnell ei gyflog !

Y mae'n rhaid i swyddog cyhoeddusrwydd amser llawn ysgrifennu toreth o froliannau cyffelyb, a gofalu bod llifeiriant cyson ohonynt yn cyrraedd desgiau golygyddion newyddion y papurau a'r cwmnïau darlledu yn foreol, hyd yn oed os sylweddolir ar yr un pryd mai yn y fasged sborion y bydd y rhan fwyaf ohonynt cyn deg o'r gloch.

Ond yn y pen draw, cymhwyster llawer mwy angenrheidiol i swyddog cyhoeddusrwydd na'r gallu i ysgrif-

ennu yw'r ddawn i gymysgu'n rhwydd â phobl. Pwys-
leisir ar bob newyddiadurwr ifanc y pwysigrwydd o
feithrin y gallu i fod yn gwmnïwr da, ond ym myd
cysylltiadau cyhoeddus yn unig y mae hyn yn wirion-
eddol hanfodol. Yn gwledda ac yn gwina ar draul ei
gwmni y treulia y dyn ' P.R. ' ei ddyddiau, a chan mai
"hael yw Hywel . . .", bloneg a braster o gylch ei
wregys fydd yn debygol o'i lethu cyn iddo gyrraedd oed
pensiwn.

Un swyddog cysylltiadau cyhoeddus a gyfarfum
erioed sydd hefyd yn llwyr-ymwrthodwr, ac wrth
brysuro i ail-lenwi gwydrau eraill y llwyddodd ef ei hun i
barhau'n fonheddwr main ond hir ei ben gan ddi-
sychedu ar sudd tomato. Fe gytunai ef, ac fe gytunai
pawb a fentrodd i waith ' P.R. ', mi gredaf, fod un gair
yn cyfleu yn well nag un arall p'un yw'r rhinwedd
mwyaf hanfodol i'r sawl a fynn gyfuno maes ei newydd-
iadura gydag elfen o fyd busnes. Y gair yw ' diplomacy '.
Ai arwyddocaol y ffaith nad oes yna air Cymraeg
amdano ?

"Mae Popeth yn Bwysig ; Does Dim o Bwys"

(*Arglwydd Northcliffe*)

"Papur newydd o bosibl yw'r peth mwyaf darfodedig a
gynhyrchir yn gyson i'w werthu mewn cymdeithas
wareiddiedig . . . Gall darn o gaws barhau'n flasus am
ddyddiau, gall torth o fara fod yn fwytadwy am wythnos
. . . Ond mae papur ddoe yn rhy hen i'w brynu, yn rhy
newydd i fod yn ddarn o hanes."

Dyna gyffelybiaeth Charles Wintour, golygydd yr
Evening Standard wrth ddiffinio swyddogaeth y papur

newydd yn ei lyfr, *Pressures on the Press*. Tybed sut yr âi ati i gyfleu byr-hoedledd y teledu ? Er hyn, mae dylanwad y naill gyfrwng fel y llall yn anfesuradwy, a chyfrifoldeb y bobl sy'n ymwneud â hwy yn frawychus i'w amgyffred. Mae'n ffasiynol iawn heddiw i ymchwilio'n fanwl i gymhellion y bobl sydd y tu ôl i'r newydd a cheisio'u dadansoddi. Gwneir ymdrechion parhaus i brofi sut yr ysgogir rhyw duedd neu'i gilydd gan ddylanwadau eithafol o'r adain chwith neu'r dde, i ddangos bod arwyddocâd dyfnach i bob stori, a bod gohebydd dan orfodaeth i gynrychioli safbwynt arbennig ar bob rhyw gwestiwn. Ond anodd yw credu bod sail i'r ddamcaniaeth hon. Creaduriaid digon anodd i greu argraff arnynt yw gohebwyr fel arfer, ac ymddangosant yn ddideimlad hefyd efallai i rywun o anian celfyddydol. Ond prin yw'r newyddiadurwyr a fyddai'n fodlon derbyn cyfarwyddyd i ddatgan safbwyntiau sy'n groes i'w graen. Efallai mai dynion digon bas ac arwynebol yw llawer o newyddiadurwyr, ond gwnaeth eu hyfforddiant hwy'n bobl graff ar yr un pryd. Maent yn dra ymwybodol o'r farn y gellir prynu eu heneidiau'n ddigon rhad, ac y cânt eu defnyddio i gynrychioli safbwynt eu cyflogwyr.

Mewn gwirionedd byddai unrhyw gynllwyn ymhlith newyddiadurwyr i wyrdroi ffeithiau yn amhosibl gan fod gormod o bobl yn ymwneud â'r newyddion ar hyd y gadwyn o'u ffynhonnell hyd at foment eu cyhoeddi neu eu darlledu. Yn wir, yr argraffwyr ac nid y newyddiadurwyr a heriodd ryddid y wasg ar achlysur streic y trydanwyr ym 1972 gan fygwth peidio â chynhyrchu'r *Evening Standard* am eu bod yn anghytuno ag ensyniad gwawdlun o'i fewn.

Perygl parod newyddiadurwyr yw meithrin rhyw fewnblygrwydd gan dybio'n aml mai barn y mwyafrif o fewn y garfan fechan y perthynant iddi yw'r unig farn dderbyniol. Gall meddylfryd felly arwain at ogwydd anfwriadol. Rhaid i newyddiadurwyr gofio nad ysgrifennu na darlledu ar gyfer ei gilydd y maent, ond ar gyfer y miloedd sy'n darllen, yn gwrando ac yn gwylio. Nid yr un, o reidrwydd, yw profiadau a gwerthoedd newyddiadurwyr a phrofiadau pobl mewn cylchoedd eraill o fywyd, ac nid yw gwerthoedd y cyfathrebwyr o angenrheidrwydd yn fwy derbyniol na mwy dilys nag eiddo'r rhelyw.

Yn gyson, cyhuddir y cyfryngau o fod yn arwynebol— o grafu'r wyneb ar draul yr hyn sy'n wirioneddol bwysig. Ac yma rhaid pledio'n euog. Nid yw eu gofod na'u hamser yn caniatau lle i'r holl fanylion. Mewn papurau, mae'n fwy diddorol darllen am brofiadau pobl nag am gynlluniau tybiedig neu gofnod o areithiau hir-wyntog ; ar y teledu mae lluniau o ddigwyddiadau cyffrous yn fwy tebyg o ddal y llygaid na dadleuon academaidd sych. Er hyn, rhaid i'r teledwr ochel rhag rhoi gormod o ben-rhyddid i'w awydd i ddangos lluniau os yw hynny'n golygu aberthu'r ystyriaeth bwysicaf, sef cyfleu gwybodaeth. Gellir gor-ymateb i'r dyhead i ddangos ffilm. Ni ddylai'r gynffon ysgwyd y ci, gan nad yw'r cyfrwng, diolch i'r drefn, ddim yn bwysicach na'r neges !

Cyfyd ystyriaeth arbennig pan deledir gwrthdystiadau. Gall dyn papur newydd ymgolli mewn tyrfa. Ei bensel a'i lyfr nodiadau yw ei unig offer. Ond pan gyrhaedda uned newyddion y teledu i fan lle mae gwrthdystiad, ni all y gohebydd ymdoddi i'r cefndir. Mae'r gohebydd yno i adrodd y stori, ac fe wna hynny'n ddigon uchel fel y gall y sawl a fyn ei glywed. Yn ogystal, mae holl beirianwaith y dechneg deledol yn weladwy ac yn atyniad i swcro terfysg. Cafwyd ambell enghraifft o gamerau yn creu newyddion drwy ysgogi cynyrfiadau. Sonnir am hyn gan I. E. Fang o gwmni newyddion A.B.C. America yn ei gyfarwyddiadur, *Television News*.

"Mae newyddiadurwyr y cwmnïau teledu lleol a chenedlaethol wedi hen arfer â derbyn galwadau teliffon oddi wrth garfanau sy'n ymladd am hawliau dinesig, yn rhoi manylion am amser a mangre eu gwrthdystiadau. Daw'r mudiadau hyn yn gyfarwydd â phosibiliadau'r cyfrwng teledol mewn dim o dro. Un enghraifft oedd criw o wrthdystwyr yn gweddïo ar y stryd yn Alabama. Gwelsant fod camera teledu wedi'i anelu atynt a meicroffon wrth law. Ar amrant, cynyddodd sŵn ac angerdd y weddi."

Ni fyddai angen mynd mor bell ag Alabama am enghreifftiau eraill. Yr un broblem a grisialir gan Herbert J. Gans, athro mewn cymdeithaseg a chynllunio yn Sefydliad Technegol Massachusetts, a gŵr a ddyfynnir gan Robert Tyrrell yn ei gyfrol, *The Work of the Television Journalist* :

"Y gwrthdystiad a ddangosir, ac nid o angenrheidrwydd y cymhellion y tu ôl iddo. Yr anghydfod a gofnodir, ac nid y cyfaddawd a fydd yn ei ddatrys. Caiff gwrthdystio fwy o sylw na gweinyddu effeithiol. Gall hyn roi'r argraff gyffredinol fod gogwydd lle na fwriedir gogwydd. Mae newyddiadurwyr, o brofiad, ac oherwydd natur eu hyfforddiant, yn dra ymwybodol o bwysigrwydd gwrthrychedd. Byddai arddangos rhagfarn wleidyddol yn andwyol i safonau proffesiynol y sawl sy'n ymdrin â newyddion. Ond mae peryglon i wrthrychedd. Ni all y gohebydd diduedd ddatgan mai anwiredd yw yr hyn a ŵyr sy'n gelwyddog ; heb iddo ganfod rhywun parchus i wadu'r celwydd rhaid gadael llonydd i'r datganiad cyfeiliornus. Os nad yw gohebydd yn cofnodi digwyddiad, yna mae'n euog o'i anwybyddu. Os yw'n ceisio'i wrth-brofi, yna mae ef ei hun yn ymuno yn y cythrwfl. Yn rhy hawdd, gall gwrthrychedd olygu dilyn llwybr canol rhwng y gau a'r gwir, rhwng y cyfiawn a'r anghyfiawn, rhwng y da a'r drwg."

Gyda pheth siniciaeth y cyfeiriodd Richard Crossman yntau at wrthrychedd traddodiadol y grefft pan ddywedodd mai syniad y gohebydd nodweddiadol o fod yn ddi-duedd yw dewis safbwynt hanner ffordd rhwng gwirionedd a chelwydd !

Fe'm trwythwyd i'n gynnar i barchu gwrthrychedd, a rhwydd hyd heddiw yw i mi roi daliadau personol o'r neilltu wrth ysgrifennu hanesyn. Ar derfyn dydd, pan ddaw'n bryd rhoi papur yn y teipiadur, gall y gohebydd profiadol mwyaf rhagfarnllyd ysgrifennu ei stori yn oeraidd a di-deimlad. Yn wir, y demtasiwn i ohebydd sy'n ymwybodol o'i ragfarnau yw gogwyddo'i stori i'r pegwn arall ac at safbwynt gwrthgyferbyniol hollol i'w ddaliadau ef ei hun. Gŵyr o'r gorau y bydd cydweithwyr, yn gellweirus neu'n faleisus, yn fwy na pharod i falu ei storiau'n ddarnau mân wrth chwilio am frychau ac arwyddion o duedd. Dywedir nad oes anrhydedd ymhlith lladron ; ychydig a geir ymhlith newyddiadurwyr hefyd, ac un o'u hoff bleserau yw trafod gwendidau cydweithwyr a dadansoddi eu cyfraniadau.

Ar ôl nifer o flynyddoedd yn ymhel â newyddion, dim ond un neu ddau a welais yn adweithio yn erbyn y gwrthrychedd a fu gyhyd yn ganllaw newyddiadurol mor ganmoladwy. Gorfod paratoi adroddiadau am y frenhiniaeth a milwriaeth Brydeinig a fu'n feini tramgwydd, ar dir 'egwyddor', i'r bobl arbennig hynny. Rhwydd hynt i'r sawl a fynn eu hystyried yn bynciau gwrthnysig ond byddai'n well iddynt ddewis rhyw alwedigaeth heblaw newyddiadura. Cenedlaetholdeb ac achub yr iaith sy'n codi gwrychyn y lleill. Byddai'n well iddynt hwythau hefyd droi oddi wrth y cyfryngau newyddion os yw eu casineb a'u rhagfarn yn eu rhwystro rhag gweithio'n gytbwys a theg.

Ond efallai i mi orbwysleisio'r angen am wrthrychedd. Paham na ddylai newyddiadurwyr ddangos gogwydd weithiau ? Nid oes yr un ohonynt yn tyngu llw Hippocrataidd cyn derbyn swydd ar bapur newydd, mewn gorsaf radio neu stiwdio deledu. Nid yw gohebydd yn addo bod yn ddi-duedd nac hyd yn oed i fod yn onest bob amser. Nid oes raid iddo ymwrthod â phuteinio'i grefft. Yn wir, tarddodd y gelfyddyd newyddiadurol, nid o lunio disgrifiadau moel o ddigwyddiadau, ond o ddyhead i ddatgan safbwynt, yn enwedig felly yng Nghymru, os oes sail i ddamcaniaeth E. Morgan Humphreys.

"Tarddodd y papurau lleol Saesneg," meddai ef, "o awydd argraffwyr am ehangu eu busnes a gwneuthur elw. Tarddodd y papurau Cymraeg, gan mwyaf, o awydd rhywrai am ddysgu'r wlad a phregethau egwyddorion neilltuol."

Mae'n debyg felly mai traddodiad a dyfodd gyda'r blynyddoedd yw'r syniad ei bod hi'n ofynnol i newyddiadurwr fod yn ddi-dderbyn-wyneb. Dirgelwch yw'r gynneddf ryfeddol a ddatblygodd yn sgîl y traddodiad sy'n golygu mai'r un yw syniad pob gohebydd, bron, am werth stori. Pe anfonid dwsin o ohebwyr i wrando'r un araith gyda chyfarwyddyd i'w thalfyrru'n stori o ddau can gair, yr un ffeithiau fyddai pob gohebydd yn debyg o'u cynnwys yn ei adroddiad, waeth beth fyddai lliw gwleidyddol ei bapur.

Ffurfiwyd Cyngor y Wasg i gadw golwg ar safon chwaeth a moesoldeb y papurau ac i wrando ar gwynion yn eu herbyn. Cyngor y Gorfforaeth Ddarlledu Brydeinig a Deddf Teledu (Annibynnol) 1964 sy'n cadw gwyliadwriaeth gyffelyb ar y cyfryngau darlledu ac y mae eu safonau hwy yn gaethach fyth. Uwchlaw'r cyfan, mae cyfraith gwlad yn sicrhau na chaniateir pen-rhyddid i unrhyw gyfrwng cyfathrebu.

Er hyn, bychan yw'r parch i newyddiaduriaeth fel gyrfa o'i chymharu â galwedigaethau eraill sy'n llawer llai dibynnol ar eirwiredd. Mae cyfreithwyr yn cael parch mawr gan gymdeithas er eu bod yn derbyn cyfran o'u henillion am ymddangos yn y llysoedd i wyrdroi ffeithiau ar ran eu cwsmeriaid ; nid oes neb yn gweld bai ar bregethwyr am wneud addewidion nad oes prawf y gwireddir hwy, a phwy sy'n uwch ei barch mewn cymdeithas na'r aelod seneddol na wêl ond un ochr yn unig i bob dadl !

Rhaid gofyn ai rhith yw gonestrwydd wedi'r cyfan, ond dichon y bydd newyddiadurwyr yn uchel yn y rhengoedd os deddfir yn Nydd y Farn mai rhinwedd yw bod yn eirwir. Trwy ddethol, trwy bwyslais, neu drwy ddiystyru, yn hytrach na thrwy fod yn gelwyddog y gall dyn papur newydd fod yn anonest. Ychwaneger y cyfle a geir i olygu ffilm yn flêr neu annheg a gellir anelu'r un cyhuddiad at weision y teledu. Oherwydd hyn prin y byddai unrhyw bapur newydd na rhaglen radio na theledu yn meiddio honni i bob digwyddiad gael yr un driniaeth.

Yn ôl rhai, dyheu am rym ac awdurdod i ddylanwadu a wna newyddiadurwyr heb fynnu'r cyfrifoldeb a gysylltir â'r pethau hynny. Ond o'm profiad i, cyffro yw'r greal y chwilir amdani. Mae'r newyddiadurwyr sydd â mwy o ddiddordeb mewn grym wedi troi at wleidyddiaeth, neu'n dal i ddisgwyl eu cyfle am alwad i'r maes hwnnw !

Os cyffro a chwilfrydedd sy'n denu newyddiadurwyr, yna syrffed a diflastod sy'n eu pydru. Gall y ddeubeth olaf ysu ysgrifennwyr da, gan eu gwneud yn bedleriaid siniciaeth afiach. Gwrthrych parod i'w ddadrithio yw pob crefftwr, ond y newyddiadurwr yn unig sydd mewn sefyllfa i hau ei ddiflastod ac i suro meddyliau pobl eraill. Dylai'r newyddiadurwr sy'n gofyn iddo'i hun beth yw antur, afiaeth a chyffro a phwy o blith pobl sy'n bwysig, yn anniddorol neu'n ddibwys, chwilio am faes arall i ledaenu ei anghrediniaeth.

Erys un ystyriaeth a ddylai fod o bwys i newyddiadur-wyr Cymraeg. Mae'r rhai a gafodd brofiad ar bapur newydd yn debyg o gael swydd yn weddol hawdd ymhen y rhawg yn un o adrannau newyddion y cyfryngau darlledu. Ond byddai o werth i'r sawl sy'n croesi'r bont oedi am ennyd yr ochr draw i ofyn iddo'i hun i ble y byddai wedi cyrraedd onibai am ei allu i ddefnyddio'r Gymraeg. Mae'r sawl sy'n cymryd yn ganiataol y byddai wedi llwyddo yr un mor hawdd yn y byd mawr di-Gymraeg y tu fewn a'r tu allan i ffiniau cyfyng ein tiriogaeth ni, un ai wedi ei ddallu gan hunan-bwysigrwydd, neu yn greadur eithriadol o naïf. Bron nad yw'n deg i ddweud ei bod hi'n llawer rhy hawdd i ' lwyddo ' yn y Gymru gyfoes ac i gael sylw a pharch lle nas haeddir.

Dagrau pethau yw fod pob dylanwad yn pwyso ar y Cymro Cymraeg i dderbyn yn ddi-gwestiwn rai credoau arbennig ac i droedio ar hyd llwybrau uniongrededd. I fod yn Gymro mae'n ymddangos ei bod hi'n ofynnol mabwysiadu dull ' derbyniol ' o feddwl a derbyn confensiynau'r rhelyw o'r un ' weledigaeth '. Meithrinir y gred ei bod hi'n ddyletswydd ar bob Cymro Cymraeg i gefnogi'r un blaid wleidyddol a bod pob datganiad o gefnogaeth i'r iaith, boed ffôl neu fel arall, yn gyfiawn a thu hwnt i feirniadaeth. Yn cydredeg â'r meddylfryd yma fel arfer, mae diffyg unrhyw awydd i fynd allan o Gymru ; i fynd am wyliau hyd yn oed, i unrhyw wlad ac eithrio'r gwledydd Celtaidd.

Yn sicr, ym marn y Cymry ifanc blewog ac ymroddedig hynny mewn cotiau ffosydd ac esgidiau dal-adar a ddaeth i'r amlwg yn niwedd y chwedegau, ac a anghofiodd sut i wenu gyda dyfodiad y ' Chwyldro ', ni fydd ond tân a brwmstan yn aros y rhai na fynn gydymffurfio pan wawria dydd y Gymru Newydd !

Ymhle, mewn awyrgylch fel hyn, y saif y newyddiadurwyr, sy'n llygad-dystion o'r cyfan, sy'n adnabod arweinwyr y gwahanol garfanau, ac sydd yn gwneud eu gorau i fod yn deg wrth gofnodi hanesion am weithgareddau pob plaid a mudiad yn ddi-wahân ?

Weithiau, mae'n rhaid cyfaddef, byddaf yn amau ai sanctaidd y gredo y tyngais iddi byth er pan ddechreuais weithio, cyn imi ddechrau meddwl. Gall gor-bwyslais ar wrthrychedd fod yn esgus dros ddiffyg egwyddor, argyhoeddiad, asgwrn cefn, rhuddin ac 'wn i ddim faint o gymwysterau dymunol eraill. Wedi'r cwbl, twpdra a diffyg deallusrwydd sy'n ysgogi credo ddi-syfl rhai newyddiadurwyr mai credu mewn dim yn unig sy'n rhinweddol.

Dichon fod cyfyng-gyngor y bobl sy'n diwallu galw di-derfyn y cyhoedd am newyddion wedi ei grisialu yn y sylw terfynol hwn gan Edward R. Morrow, a ddeil, er iddo farw ym 1965, yr enw mwyaf o blith newyddiadurwyr radio yr Unol Daleithiau :

"Mae cyfundrefn gyfathrebu yn hollol niwtral. Mae heb na chydwybod, egwyddor na moesau. Nid oes iddi ond hanes yn unig. Darlleda fudreddi neu ysbrydoliaeth yr un mor ddeheuig. Sieryd y gwir mor hyglyw ag y sieryd y gau. Nid yw, yn ei hanfod, yn ddim mwy na dim llai na'r dynion a'r merched a wna ddefnydd ohoni."

Y DIWEDD

MYNEGAI